OPERATION RÖSCHEN

Peter Dausend und *Elisabeth Niejahr* schreiben seit vielen Jahren für *Die Zeit* über den Berliner Politikbetrieb. Niejahr kennt von der Leyen seit ihren ersten Tagen als Ministerin und hat viele ihrer Siege und Niederlagen aus der Nähe beobachtet. Dausend erlebte von der Leyen immer wieder auf Reisen, unter anderem nach Afrika, Afghanistan und Washington, und berichtete über ihr erstes Jahr im Verteidigungsministerium. Beide haben zahlreiche Gespräche mit Vertrauten und Gegnern geführt, mit Verwandten und Freunden und der Ministerin selbst.

OPERATION RÖSCHEN

DAS SYSTEM VON DER LEYEN

Peter Dausend • *Elisabeth Niejahr*

Campus Verlag
Frankfurt/New York

ISBN 978-3-593-50224-3

Umschlaggestaltung: Guido Klütsch, Köln
Umschlagmotiv: © Anatol Kotte/Laif
Porträtfoto (S. 5): Marco Urban
Satz: Fotosatz L. Huhn, Linsengericht
Gesetzt aus: Scala und Scala Sans
Druck und Bindung: CPI – Ebner & Spiegel, Ulm
Printed in Germany

Dieses Buch ist auch als E-Book erschienen.
www.campus.de

Vita

1958	geboren am 8. Oktober in Brüssel
1964 bis 1971	Europäische Schule in Brüssel
1971 bis 1976	Mathematisch-naturwissenschaftliches Gymnasium in Lehrte bei Hannover
1977 bis 1980	Volkswirtschaftsstudium in Göttingen und Münster
1978	einjähriger London-Aufenthalt mit Studium an der London School of Economics
1980 bis 1987	Studium an der Medizinischen Hochschule Hannover
1987	Geburt des Sohnes David
1988 bis 1992	Assistenzärztin an der Frauenklinik der MHH
1989	Geburt der Tochter Sophie
1990	Eintritt in die CDU nach der Wahlniederlage von Ernst Albrecht
1992	Geburt der Tochter Donata
1991	Promotion zur Doktorin der Medizin
1992 bis 1996	Aufenthalt in Stanford, Kalifornien, in dieser Zeit Gasthörerin an der Graduate Business School der Universität
1994	Geburt der Zwillinge Victoria und Johanna
1997 bis 2001	Magisterstudium Public Health an der Medizinischen Hochschule Hannover, anschließend wissenschaftliche Mitarbeiterin in der Abteilung Epidemiologie, Sozialmedizin und Gesundheitsforschung
1998	Geburt des Sohnes Egmont
1999	Geburt der Tochter Gracia
2001 bis 2003	CDU-Fraktionsvorsitzende im Stadtrat von Sehnde
2003 bis 2005	Landesministerin für Soziales, Frauen, Familie und Gesundheit im Kabinett von Christian Wulff
seit 2004	Mitglied im Präsidium der CDU
2005 bis 2009	Bundesministerin für Familie, Senioren, Frauen und Jugend
2009 bis 2013	Bundesministerin für Arbeit und Soziales
seit 12/2013	Bundesministerin der Verteidigung

INHALT

1 TUNDRINSHEIDE

Panikbeleuchtung. So nennen sie hier also die Lampen auf dem Dach, die großen, starken Scheinwerfer, die nachts das Grundstück in taghelles Licht tauchen können. Vor mehr als dreißig Jahren wurden die Leuchten auf den Giebel montiert, damals sollten sie helfen, die Familie im Haus vor Terroristen zu schützen. Heute sind die Lampen immer noch nützlich. Die Panikbeleuchtung wird eingeschaltet, wenn abends die Ponys von der benachbarten Weide geholt werden.

»Schauen Sie, hier geht's an!«, ruft Ursula von der Leyen und läuft quer durch ihre Wohnküche, um mir den Lichtschalter neben der Eingangstür zu zeigen. Sie trägt eine kurzärmlige rosa Bluse, eine helle Leinenhose und rosa Stoffturnschuhe. Eigentlich hat sie frei. Draußen brennt die Sonne, die Eisdielen und Freibäder sind voll, Deutschland macht Ferien.

Ich schaue mich ein bisschen um, dafür bin ich ja aus Berlin gekommen. Das hier ist nicht irgendein Wohnhaus, das ist Tundrinsheide, ein Ort, den ich von Bildern kenne. Von der Leyen hat schon als Jugendliche mit ihren Eltern und ihren fünf Brüdern hier gelebt, den Namen des Hauses hat sich ihre Mutter Heidi Adele ausgedacht. Ernst Albrecht, ihr Vater, war Regierungschef in Niedersachsen. Als er dement wurde, zog seine Tochter mit Mann und sieben Kindern wieder ein, die Mutter war mittlerweile verstorben. Alles in vielen Zeitungsartikeln nachzulesen.

Ich war noch nie hier. Mein erster Gedanke: Alles viel normaler als gedacht. Die Ministerin, die ungeschminkt die Haustür öffnet. Die fast erwachsenen Kinder, die mittags im Pyjama in die Wohnküche kommen, in der Mikrowelle Nudeln aufwärmen und Mais aus der Dose und Tütenparmesan darüberschütten. Die beiden weißen Ikea-Sofas in der Sitzecke. Der große Garten, in dem es keine gestylten Blumenbeete gibt, nur sehr viel Rasen. An einigen Stellen liegen kleine schwarze Klumpen, die zwei Ziegen namens Google und Lummerland hinterlassen haben. Hinter der Grasfläche liegt ein Reitplatz, am Rand steht ein umgekipptes Fußballtor. Dahinter Felder und viel weiter Himmel. Auf der Veranda hört man ein entferntes Rauschen, nicht vom Meer, sondern von der Autobahn. Da endet die Normalität: Beinhorn, der Wohnort der Familie, ist ein Dorf mit eigenem Autobahnzubringer.

Wir gehen einmal rund um das Haus. Von der Leyen redet immer lieber im Gehen oder Stehen als im Sitzen, außerdem will sie mir etwas zeigen. Früher umkreisten hier bewaffnete Polizisten das Gebäude. Die Kinder von Ernst Albrecht nannten den Trampelpfad, der sich dadurch auf dem Rasen abzeichnete, »Beamtenlaufbahn«. Ende der 70er Jahre, nach den ersten Morden der Roten Armee Fraktion, galt die Sicherheitslage für prominente CDU-Politiker als so heikel, dass die ganze Familie Albrecht geschützt wurde. An der Pforte stand ein Wachhäuschen, von der Leyens jüngere Brüder Hans-Holger, Barthold und Donatus wurden morgens von einem Streifenwagen abgeholt und zur Schule in das Nachbardorf gefahren.

Heute ist nicht mehr viel übrig von dieser Zeit. Ursula und Heiko von der Leyen haben Wände herausreißen lassen, die meisten alten Möbel ausrangiert. Nur in der Küche gibt es noch Überbleibsel aus von der Leyens Jugendzeit: Küchenschränke, die Heidi Adele mit blauen Aufklebern versehen haben muss, sowie dem ebenfalls aufgeklebten Sinnspruch: »Sich regen bringt Segen«. Darauf schaut die Verteidigungsministerin also, wenn sie sich am Wochenende morgens ihren Kaffee kocht.

Bei Ursula von der Leyen mischen sich an diesem Tag Gelassenheit und Anspannung. Eigentlich sind hier in Beinhorn alle in Urlaubsstimmung. Die Zwillingsschwestern Victoria und Johanna fläzen sich mit Büchern und Notebooks auf den Sofas, Gracia, die Jüngste, will reiten gehen. Am Wochenende war ein Teil der Familie sogar ein paar Stunden gemeinsam im Freibad. Was für eine bekannte Ministerin mit Personenschutz nicht einfach ist.

Als ich in Beinhorn ankomme, heißt es noch, die Familie werde zwei Tage später gemeinsam zum Ausspannen nach Österreich fahren. Als ich mich verabschiede, ist klar, dass es diesen Urlaub nicht geben wird. Von der Leyens Kalender ist stattdessen voll mit neuen Terminen: Unterrichtung der Obleute des Bundestages, Sondersitzung des Verteidigungsausschusses, ein *Zeit*-Interview, Besprechungen im Ministerium.

Mein Besuch fällt zufällig in eine Woche, in der sich das außenpolitische Koordinatensystem des Landes innerhalb kurzer Zeit verschiebt. Seit ein paar Tagen kommen Horrormeldungen aus dem Nordirak. Der Terror der Truppen des »Islamischen Staates« breitet sich aus. Die Nachrichtensendungen zeigen Bilder von schwarz maskierten Männern, die Gewehre schwenken und Enthauptungen ankündigen. Ein amerikanischer Journalist wird brutal hingerichtet. Zehntausende Jesiden, eine religiöse Minderheit, flüchten in die Berge. Besonders umkämpft ist Kobane, eine mittelgroße Stadt nahe der türkischen Grenze, deren Name wohl irgendwann zur Geschichte der deutschen Sicherheitspolitik gehören wird. Wie Srebrenica, der Ort, in dem die Serben im Bosnienkrieg ein Massaker anrichteten. Die rot-grüne Bundesregierung änderte daraufhin ihre Haltung zu Militäreinsätzen. Was wird die Regierung von Angela Merkel ändern?

Von der Leyen will Waffen an die Kurden liefern, die den IS bekämpfen. Sie ist nicht allein. Innerhalb weniger Tage werfen mehrere Politiker plötzlich Positionen über Bord, die als unumstößlich galten. Sogar Gregor Gysi von der Linken will plötzlich ebenfalls Waffen schicken, auch der grüne Parteivorsitzende Cem Özdemir hält das für richtig. Von der Leyen ist da, wo sie hinwollte: mitten in der Debatte um die schwierigsten Fragen der Bundespolitik. Wie sollen die Deutschen es künftig mit den Kriegen halten? Was rechtfertigt deutsches Eingreifen? Was können wir leisten?

Eigentlich wollte ich Bullerbü besuchen. So haben Journalisten von der Leyens Heim wegen der vielen Kinder und Tiere getauft, inzwischen nennt sie es im Scherz manchmal selber so. Aber Bullerbü wird an diesem Donnerstag zu einem *war room* oder jedenfalls zu einer Außenstelle der Bundesregierung. Die Pläne für Waffenlieferungen werden konkreter, in immer kürzeren Abständen muss von der Leyen telefonieren: Kanzleramt, Außenministerium, immer wieder ihr Staatssekretär Gerd Hoofe, der seinerseits mit den wichtigsten Beamten des Verteidigungsministeriums spricht. Wenn es heikel wird, verlässt die Ministerin den Raum. Ich unterhalte mich mit ihren Kindern. Einmal ruft die Jüngste aus dem Obergeschoss:»Maaami, kannst du mal kommen?« Sie flötet zurück:»Liebchen, jetzt geht es gerade nicht.«

Zwischendurch gibt sie *Bild* am Telefon ein Interview. Karl-Theodor zu Guttenberg hat sie am Tag vorher kritisiert, das ärgert sie. Darf sie das jetzt zeigen? Ihr Pressesprecher Jens Flosdorff ist am Morgen gemeinsam mit mir aus Berlin gekommen, er sitzt ihr während des Telefonats gegenüber und schüttelt energisch den Kopf. Kleinkarierter Streit passt nicht zum Ernst der Lage und wertet den nörgelnden Vorgänger nur unnötig auf. Ihr Satz endet daraufhin ganz anders, als er angefangen hat. Später, als *Bild* das abgeschriebene Interview schickt, fehlt die Passage. Die Antwort war zu langweilig. Die beiden wissen, wie man so etwas macht, sie arbeiten so seit Jahren. Als das Interview zum Gegenlesen kommt, sitzen Flosdorff und seine Chefin nebeneinander an ihren Laptops wie Pianisten, die vierhändig spielen.

Als sie fertig sind, habe ich sieben Stunden in Beinhorn verbracht, verabredet war eine. Irgendwann am Nachmittag hat die Verteidigungsministerin für ihren Sprecher und mich Nudeln gekocht, weil alles so lange dauerte. Sie selbst wärmt sich Pastinaken aus dem Kühlschrank auf.

Ich bin an diesem Tag in Beinhorn, weil wir, zwei Korrespondenten aus dem Berliner Büro der *Zeit*, ein Buch über die Verteidigungsministerin schreiben wollen. Keine klassische Biografie, sondern ein Buch darüber, wie sie Politik macht. Deshalb heißen die Kapitel »Macht«, »Frauen« oder »Bundeswehr«. Vieles, was wir schreiben, erwächst aus unserer Arbeit der vergangenen Jahre, darüber hinaus haben wir auch noch weitere Gespräche ganz gezielt geführt. Es gibt dabei eine klare Verabredung: Wir legen keine Textpassagen oder Zitate zum Gegenlesen vor.

Meine Recherche in Beinhorn endet später als geplant, aber trotzdem viel zu früh. Am Abend bricht Ursula von der Leyen nach Hamburg auf, am nächsten Morgen geht es weiter nach Hohn, einem Militärflughafen in Schleswig-Holstein. Dort stehen alte Transall-Maschinen der Bundeswehr, die voller Hilfsgüter in den Irak fliegen sollen. Von der Leyen will die Truppe kurz persönlich verabschieden. Keine große Sache, sagt Jens Flosdorff. Er fahre deshalb selbst nicht hin. Klingt vernünftig. Ich mache mich auf den Rückweg nach Berlin.

An der Garderobe neben dem Lichtschalter für die Panikbeleuchtung muss an diesem Nachmittag eine schwarze Jeansjacke von H&M gehangen haben. Später habe ich diese Jacke auf vielen Fotos gesehen. Von der Leyen schnappte sie sich, als sie etwas später selbst das Haus verließ. Die Jacke gehört eigentlich einer Tochter. Die kennt es schon, dass ihre Mutter Kleidungsstücke bei ihr leiht.

Am nächsten Morgen wird die Verteidigungsministerin im Morgengrauen in der schwarzen Jacke fotografiert, mit leicht erhobenem Kinn und einem Blick, der in die Ferne zielt. In den kommenden Tagen druckt fast jede deutsche Zeitung dieses Bild. Das Foto löst eine Debatte über die Inszenierung von Politik aus, der Fotograf gibt der *Süddeutschen Zeitung* ein Interview zu der Frage, wie das Bild entstanden ist. Die *Welt* fragt höhnisch, ob die Jeansjacke demnächst im Museum hängen werde. Ich kann dazu nichts beitragen, denn ich war nicht dabei. So ist das mit dieser Ministerin: Sie überrascht einen. Immer wieder.

2 HERKUNFT

»Mein Vater war ins Regieren verliebt
und eher zufällig in der CDU.«

Ursula von der Leyen

»*Haben wir uns nicht* schon mal irgendwo gesehen?« Jede Frau kennt diese Frage. Aber was antwortet man, wenn der polnische Finanzminister sie einem stellt und man selbst zur Bundesregierung gehört? Wenn dieser Mann beim Managertreffen in Davos neben einem sitzt und erwartungsvoll schaut, höflich zwar, aber doch mit einem intensiven Blick?

Vor drei Monaten hat Jacek Rostowski schon einmal merkwürdig geguckt. Die polnische Regierung ist im Kanzleramt zu Besuch. Angela Merkel schüttelt Ministerpräsident Donald Tusk die Hand, Guido Westerwelle lächelt mit Radoslaw Sikorski in die Kameras, Wolfgang Schäuble wird an einem runden Tisch neben seinen Amtskollegen Rostowski platziert. Auf dessen anderer Seite sitzt Ursula von der Leyen, sie ist zu diesem Zeitpunkt noch Arbeitsministerin. »Sind Sie preußisch?«, fragt Rostowski sie und forscht auch da schon in ihrem Gesicht, mit einem kleinen, uneindeutigen Lächeln. »Ich komme aus Niedersachsen«, antwortet sie.

Ein paar Tage nach der zweiten Begegnung erfährt Ursula von der Leyen von ihrer Büroleiterin, dass der polnische Finanzminister mit ihr telefonieren will. Sie sagt, er solle sich an Schäuble wenden. Das können wir nicht machen, sagt die Büroleiterin. Also gut, sagt von der Leyen, dann machen Sie halt einen Telefontermin. Als Rostowski in der Leitung ist, sagt er nur: »Philbeach Gardens.« Innerhalb von Sekunden ist alles klar: In einem früheren Leben haben sie in London im selben Haus gewohnt. Von der Leyen und Rostowski waren locker befreundet, er interessierte sich ein bisschen mehr für sie als sie sich für ihn. Wobei ihn die Sorglosigkeit der zwanzigjährigen Ursula sehr irritierte.

Sie hieß da schon nicht mehr Röschen Albrecht und noch nicht Ursula von der Leyen. Sie hieß Rose Ladson, wie ihre amerikanische Großmutter, deren Namen sie vorübergehend annehmen musste. Vorher hatte sie in Göttingen studiert, damals Hochburg der linken Szene. Die Eltern und die deutschen Sicherheitsbehörden fanden das angesichts des RAF-Terrors für eine Ministerpräsidententochter zu gefährlich, sie fürchteten, dass eine Entführung oder ein Attentat hier noch wahrscheinlicher wären als anderswo. So wurde aus Röschen Rose. Sie besuchte die London School of Economics, lebte mit einem frisch geschiedenen Onkel in einer Familien-WG im noblen Stadtteil Kensington und wurde geschützt von Scotland Yard.

»Ursula war ein bisschen pummelig«, erzählt Rostowski am Telefon, »deshalb habe ich sie nicht sofort erkannt. Aber ihr Gesicht löste etwas in mir aus.« Rostowskis Eltern gehörte das Haus, in dem von der Leyens Onkel, ein Freund der Familie, eine Etage gemietet hatte. Leider ließ Ursula ständig die Haustür offen. Viele Freunde, viele Partys, Sie wissen schon, sagt Rostowski. Er installierte eine Kuhglocke an der Haustür. »Alle haben mir unterstellt, dass ich eifersüchtig auf Ursulas Freunde war«, sagt er. »Aber ich dachte nur: Sie ist aus Deutschland gekommen, weil gefährliche Leute hinter ihr her sind. Da schlafen wir doch alle nachts besser, wenn die Haustür abgeschlossen ist.«

Ursula von der Leyen, Bundesministerin der Verteidigung, siebenfache Mutter, Ministerpräsidententochter. Wohnort: Beinhorn bei Hannover. Einsatzgebiet: die ganze Welt. Im ersten Jahr im neuen Ressort war sie unter anderem in Somalia, im Libanon, in Mali, im Irak, in Afghanistan. Sie hat jetzt mehrere Pässe, braucht sie aber an Flughäfen nicht mehr vorzuzeigen, weil sie meistens mit Maschinen der Bundesregierung fliegt.

In einem Politikerleben, das durchgetaktet ist wie ihres, wird die Familie schnell zur Restgröße, zum reinen Rückzugsort. Das ist im Falle von der Leyens anders. Nicht, weil sie so viel mehr Zeit hätte für Partner und Kinder. Die hat sie nicht. Aber das System von der Leyen, ihre Art, Politik zu machen, ist ohne einen Blick auf ihre Herkunft kaum zu verstehen.

Sie hat ihre politischen Ideen und Projekte, vom Werben für die »Vereinigten Staaten von Europa« bis zum Mehrgenerationenhaus, fast immer mit ihrer Biografie verknüpft. Hätte sie nicht in Kalifornien, London und Brüssel gelebt, hätte sie nie so viel Lust auf Außenpolitik entwickelt und wäre heute nicht Verteidigungsministerin. Sie macht Politik wie ihr Vater Ernst Albrecht – je länger sie Ministerin ist, desto offensichtlicher sind die Gemeinsamkeiten.

Sie lebt in dem Haus, in dem er schon als Ministerpräsident wohnte, am Wochenende reitet sie auf denselben Feldwegen wie früher als Jugendliche. Damals saßen Polizeibeamte in einem Wachhäuschen am Gartentor, heute wird die Verteidigungsministerin wieder professionell geschützt. Ihr Ministerinnenleben muss ihr manchmal wie ein Echo verkommen.

Von der Leyens Familie ist sehr präsent – und ungewöhnlich. Allein zehn ihrer Nichten und Neffen leben in Berlin, alle 32 Albrecht-Enkel könnten locker einen Schulbus füllen. Bei Familienfesten reisen manchmal sechzig Personen an. Als Albrecht im Dezember 2014 starb und die niedersächsische Landesregierung in der Hannoveraner Oper einen Staatsakt veranstaltete, belegten Kinder und Enkelkinder nicht nur ein paar Sitze, sondern gleich mehrere Reihen in den Publikumsrängen. Und das waren nur von der Leyens engere Verwandte.

Ein Onkel und ein Cousin sind berühmte Dirigenten: George Alexander Albrecht und sein Sohn Marc. Ihre Brüder sind Volkswirte, alle haben in der Privatwirtschaft Karriere gemacht und sind viel in der Welt unterwegs. Von der Leyens

Urururgroßvater, der Bremer Kaufmann Ludwig Knoop, war Ende des 19. Jahrhunderts der zweitgrößte Baumwollhändler der Welt, ein steinreicher Mann, der vor allem in Russland expandierte. Ihr Opa, der Vater von Ernst Albrecht, war ein bekannter Mystikforscher, Bewusstseinsphilosoph und Internist. Zum Missfallen seiner reichen Eltern wurde er Sozialdemokrat und kümmerte sich um Patienten in den Arbeitervierteln von Bremen und Berlin. Später trat er auch noch in die katholische Kirche ein, was seine streng protestantischen Eltern noch mehr verärgerte. Auch von der Leyens Mutter kommt aus einer großbürgerlichen Familie. Ihr Bruder ist der Onkel, bei dem Ursula alias Rose in London wohnt. Und die Begegnung mit dem polnischen Vermietersohn ein Beispiel dafür, dass die Familiengeschichte die Verteidigungsministerin immer mal wieder einholt. Selbst wenn sie in einem Konferenzraum des Kanzleramts steht.

Schauspielern für die Mutter

Wenn Ursula von der Leyen ihren Ehrgeiz, ihren Gestaltungsdrang erklären soll, redet sie nicht über ihren Vater, den erfolgreichen Politiker, sondern über ihre Mutter. Heidi Adele Albrecht, die zwei Jahre ältere Jugendliebe von Ernst Albrecht, war promovierte Germanistin und Journalistin. Vor ihrer Hochzeit schrieb sie in Bonn Theaterrezensionen, dann zog sie mit ihrem Mann erst nach Luxemburg, dann nach Brüssel und schließlich in die Nähe von Hannover. Sie bekam sieben Kinder, das letzte mit 44, war begeisterte Mutter und muss doch damit gehadert haben, nicht im Beruf zu sein. Jedenfalls betonte sie oft, ihre Doktorarbeit sei die beste Investition ihres Lebens gewesen: »Das erleichtert das Leben als Frau an der Seite eines bekannten Mannes enorm.«

In Brüssel unterrichtet sie zeitweise an der Schule der Kinder, später, in Beinhorn, schreibt sie Theaterstücke, hält Vorträge, sammelt Spenden für wohltätige Zwecke – Darüber erscheint sogar ein Buch mit dem Titel *Familienmutter, Landesmutter, Poetin.* Die Kinder sollen ebenfalls kreativ sein. Sie spielen Instrumente, zu Geburtstagen und Jubiläen dichten sie für die Eltern – einmal wünschen sich Ernst und Heidi Adele Albrecht von den Kindern und Gästen, dass jeder ein Distichon, einen Zweizeiler im griechischen Versmaß, mitbringt. Die Geschwister spielen die Stücke ihrer Mutter bei vielen Gelegenheiten nach, manchmal in der Nervenheilanstalt im Nachbardorf oder für Besucher wie Hans-Dietrich Genscher, den damals noch sehr jungen *FAZ*-Journalisten Frank Schirrmacher und Vicco von Bülow alias Loriot. Bleibt prominenter Besuch zum Essen, sitzen die Kinder mit am Tisch.

Einmal reist die ganze Familie sogar zu Carl Carstens nach Bonn, dem damaligen Bundespräsidenten, der ein Freund der Familie ist. In der Villa Hammerschmidt führen Röschen und ihre Brüder vor Vertretern des diplomatischen Corps ein Stück mit Handpuppen vor:»Kasperle wird Bürgermeister«. Noch als Großmutter schreibt von der Leyens Mutter Heidi weiter, kurz vor ihrem Tod führen zwanzig Enkel ihr letztes Stück auf.

Den Raum für eine eigene öffentliche Rolle habe sie sich erkämpfen müssen, erzählt Barthold Albrecht, einer der jüngeren Brüder der Ministerin. Der Vater hat zunächst nicht viel Verständnis dafür, dass seine Frau jetzt plötzlich mit prononcierten Thesen bei öffentlichen Veranstaltungen auftritt. Später leidet sie dann unter dem Rückzug ihres Mannes aus der Politik, viel mehr als Ernst Albrecht selbst. An diese schwierige Zeit kann von der Leyen sich gut erinnern. Damals ist sie sich sicher: Etwas Vergleichbares soll ihr nie passieren. Auch mit einer großen Familie will sie arbeiten und dabei erfolgreich sein.

Siegen wie Ernst Albrecht

Mit siebzehn versucht Ursula von der Leyen einmal, so zu tun, als gäbe es ihren Vater nicht. Sie sitzt in einem Bus und schaut aus dem Fenster. Eine fremde Frau spricht sie freundlich von der Seite an, fragt:»Wissen Sie, wem Sie wahnsinnig ähnlich sehen? Ernst Albrecht, unserem Ministerpräsidenten.« Ursula Albrecht, die damals noch alle Röschen nennen, hat keine Lust auf ein Gespräch über ihr Elternhaus. Sie meint die Fragen auswendig zu kennen, die sich an so eine Einleitung normalerweise anschließen. Deshalb sagt sie:»Mit dem habe ich aber überhaupt nichts zu tun!« Das hilft ihr nicht. Die Dame erwidert:»Na, dann ist er vielleicht Ihr Vater und Sie wissen es bloß nicht.«

Ursula von der Leyen ähnelt ihrem Vater nicht nur äußerlich, sie macht auch Politik wie er. Ernst Albrecht hat ihren Blick auf die Vereinigten Staaten und auf Europa geprägt, ihren Umgang mit Macht und mit Medien, ihre Haltung zur CDU und ihre Vorstellung von einem gelungenen Familienleben, was sich wiederum auf ihre Familienpolitik auswirkte. Er hat vorgemacht, dass man Menschen auch mit Freundlichkeit auf Abstand halten kann. Er hat seiner Tochter das berühmte Lächeln vererbt.

Ernst Albrecht ist 28, als seine Tochter Ursula Gertrud 1958 in Brüssel geboren wird. Die älteren Brüder Harald und Lorenz haben sich eine Schwester gewünscht, eine»Rosa«, weshalb die Verteidigungsministerin bis heute für ihre Brüder und einen Teil der Verwandtschaft»Röschen« heißt. Ernst Albrecht steckt bei der Geburt mitten in einer steilen Beamtenkarriere in der damals noch neuen Verwaltung der Europäischen Union. Er hat es leichter gehabt als die meisten Männer seiner Generation: Er ist neun, als der Krieg ausbricht, anders als viele Freunde wird er in den letzten Monaten vor Kriegsende nicht mehr eingezogen. Er ist etwas zu jung. Stattdessen hilft er seinem Vater, einem Arzt, bei der medizinischen Versorgung von Verwundeten im ausgebombten Bremen. 1948 macht er Abitur, er hat eine Klasse übersprungen und beginnt mit 18 ein Philosophiestudium in Tübingen. Ein Jahr später darf er nach Amerika, mit einem Stipendiatenprogramm des amerikanischen Militärs. Während er sich noch auf dem Campus der Cornell-Universität einlebt, wird in seiner Heimat die Bundesrepublik Deutschland gegründet und Konrad Adenauer als Bundeskanzler vereidigt. Die Amerikaner fragen ihn häufig nach der Nazizeit. Aber noch häufiger wollen sie wissen, ob Deutschland denn nun kommunistisch werde.

Albrecht beschließt, nicht in die Wirtschaft zu gehen, sondern in den öffentlichen Dienst. Am meisten interessiert ihn die Geldpolitik, für ihn der Schlüssel für die politische Stabilität eines Landes. »Hitler hätte es als Reichskanzler nie gegeben«, schreibt er später in seinen Erinnerungen, »wenn die demokratischen Politiker mehr von Wirtschaftspolitik verstanden hätten, wenn sie nicht durch hemmungslose Geldvermehrung die große Inflation bewirkt hätten, die den Mittelstand ruinierte.«

Er macht in Amerika sein Philosophieexamen mit Auszeichnung, dann studiert er weiter bei Karl Jaspers in Basel. Von einer Dissertation rät der berühmte Professor ab, er empfiehlt ein Zweitstudium in Volkswirtschaftslehre. Albrecht folgt dem Rat, mit 23 schreibt er seine Abschlussarbeit über eine heute noch aktuelle Frage: »Ist Währungseinheit eine Voraussetzung für Wirtschaftseinheit?«

Seine erste Stelle hat Albrecht in Luxemburg, dann arbeitet er in Brüssel, wo er innerhalb kurzer Zeit als 37-Jähriger zum Generaldirektor der Wettbewerbskommission aufsteigt. »Plötzlich hatte er einen Fahrer, daran haben wir das gemerkt«, erzählt Harald Albrecht, der zweitälteste Sohn, der heute ein Kommunikationsunternehmen führt.

Kurz vor seinem vierzigsten Geburtstag wägt Ernst Albrecht

nüchtern seine Perspektiven ab: »Sollte ich etwa bis zu meinem
65. Geburtstag Generaldirektor für Wettbewerb bleiben? Nein,
das konnte ich mir nicht vorstellen«, schreibt er in seinen Memoi-
ren. Die Idee, in die Wirtschaft oder zu den Vereinten Nationen
zu wechseln, verwirft er schnell wieder. »Den Sprung vom Beamten zum Politiker vollziehen? Ja, das reizte mich.«

Im Herbst 1969 kommt der niedersächsische Landwirtschafts-
minister und CDU-Spitzenkandidat Winfried Hasselmann nach
Brüssel. Albrecht erzählt Hasselmann von seinen Wechselplä-
nen. Der holt den jungen und doch schon erfahrenen Beamten
als möglichen Wirtschaftsminister in sein Schattenkabinett.
Doch bei der Landtagswahl 1970 liegen SPD und FDP gemeinsam
knapp vor der Union. Albrecht überrascht die CDU-Landespo-
litiker damit, dass er seinen schönen Posten in Brüssel aufgibt,
um mit ihnen Oppositionsarbeit zu machen. Damit er finanzi-
ell abgesichert ist, bietet ihm der niedersächsische Keksfabri-
kant Werner Bahlsen einen Vorstandsposten in seinem Unternehmen an – und ermuntert ihn ausdrücklich, seine Arbeit so
auszuüben, dass genug Zeit für die Politik bleibt. Albrecht wird
Schatzmeister und Chef der Programmkommission seiner Partei, er leitet den Wirtschaftsausschuss im Landtag und profiliert
sich als Debattenredner.

Hasselmann hat zu diesem Zeitpunkt bereits zwei Landtags-
wahlen verloren, seine Partei will ihn nicht wieder aufstellen.
Also fördert er lieber den Quereinsteiger Albrecht – dafür reicht
seine Macht noch –, als dass er den Weg frei macht für andere
innerparteiliche Kontrahenten. Die beiden Männer gehen ein
Bündnis ein, das mehr als zwanzig Jahre trägt: Hasselmann ist
der Mann der Basis, der mit Stammtischreden die Parteifreunde
begeistert, zu Grünkohlessen fährt und am Tresen gern mal eine
Lüttje Lage trinkt. Albrecht ist der weltläufige Bildungsbürger
mit den geschliffenen Umgangsformen, der im Jahr seiner Wahl
zum Ministerpräsidenten das Buch *Der Staat – Idee und Wirk-*

lichkeit. Grundzüge einer Staatsphilosophie veröffentlicht, das er in Brüssel geschrieben hat, um sich »zu zwingen, geistig präzise zu arbeiten«.

1976 wird Albrecht zum ersten Mal zum Ministerpräsidenten gewählt – obwohl die Union im Parlament eigentlich keine Mehrheit hat. Zwei Überläufer von der SPD oder der FDP stimmen für ihn. Die genauen Umstände werden nie geklärt. »Die Niedersachsen-CDU hatte einen Volkstribun und einen Intellektuellen an der Spitze, das funktionierte lange sehr gut«, sagt Rita Süssmuth. Albrecht hatte die beliebte ehemalige Bundesfamilienministerin und jetzige Bundestagspräsidentin überredet, im bevorstehenden Landtagswahlkampf als seine Nachfolgerin zu kandidieren, der Wechsel sollte dann im Laufe der nächsten Wahlperiode vollzogen werden. Im März 1990 verliert die CDU allerdings die Wahl. Und schon vorher funktionieren die Absprachen oft nicht, Süssmuth erfährt oft erst mit Zeitverzögerung, was der Ministerpräsident und Hasselmann bei der Jagd vereinbaren. In Tundrinsheide baumeln am Wochenende oft frisch erlegte Fasane in der Garage, Mittagessen für die Familie. Manchmal habe er dabei auf Schrotkugelsplitter gebissen, erinnert sich ein Bruder der Ministerin. Albrecht ist hochzufrieden mit seinem Arrangement mit Hasselmann, in seinen Erinnerungen schreibt er: »Meine Leidenschaft war das Regieren. Ich war froh, dass mich Winfried Hasselmann bei der Parteiarbeit spürbar entlastete.«

»Ernst Albrecht war elitär auf eine Weise, die selten geworden ist«, sagt Kurt Biedenkopf, der bei Albrechts Start CDU-Generalsekretär war und später Ministerpräsident in Sachsen wurde. »Man merkte ihm an, dass er aus der Bürokratie kam: Sein Ideal war die sachkundige Expertenregierung, die dem Staat uneigennützig dient, dafür aber mit großen Machtbefugnissen ausgestattet ist.« Über Parteien und Politiker urteilt Albrecht abfällig. Die einen findet er sklerotisch, den anderen unterstellt er, dass Macht auf Dauer ihren Charakter verdirbt. »Man kann geradezu von einer Ministerkrankheit sprechen«, schreibt er in seinem staatsphilosophischen Buch. »Ihre Symptome: zunehmende Eitelkeit und Selbstsicherheit, Monologisieren im Gespräch, Teilnahme an Sitzungen ohne Vorbereitung, da man nach und nach die Überzeugung gewonnen hat, alles zu können. Wachsender Ich-Bezug, Personalisierung der Politik.« Für ihn ist Politik nicht in erster Linie Interessenausgleich, sondern ein Wettbewerb um die intelligenteste Problemlösung. »Politiker sollen ›das Gute‹ durchsetzen«, schreibt er – als sei dies immer objektiv ermittelbar.

Seine Tochter denkt oft ähnlich. Von der Leyen spricht selbst in den härtesten Kämpfen nie von Gegnern. Auch die Kategorien links und rechts verwendet sie fast nie – wie Gerhard Schröder, der einst behauptete, es gebe keine linken und rechten Wirtschaftspolitiker, nur moderne und unmoderne. Der Satz hätte auch von der Verteidigungsministerin sein können. Wer anders denkt, ist im Zweifel immer nur langsamer als sie. Wie ihr Vater neigt sie dazu, ihre politischen Widersacher zu umarmen, um sie zu entmachten. Wie ihr Vater setzt sie ihre Interessen oft lächelnd durch. Wie ihr Vater findet sie Parteipolitik langweilig. Nur hat sie, anders als Ernst Albrecht, keinen Hasselmann, an den sie diesen Teil ihrer Arbeit delegieren kann.

Für Röschen Albrecht sind die Amtsjahre ihres Vaters in mehrfacher Hinsicht prägend. »Ich habe damals den Eindruck gewonnen, dass Politiker einen schönen Beruf haben und wirklich viel bewegen können«, sagt sie später als Bundesministerin. Zwei Jahre nach seiner Vereidigung entscheidet Ernst Albrecht im Alleingang und zur Überraschung der Öffentlichkeit, das Land Niedersachsen werde tausend vietnamesische Flüchtlinge aufnehmen, die vor der Küste Thailands unter jämmerlichen Bedingungen auf Booten treiben. Später verhilft er dem russischen Cellisten Mstislaw Rostropowitsch, einem Freund der Familie, zur deutschen Staatsbürgerschaft.

Weil Albrecht ab 1976 eine Minderheitenregierung führt und

es schwer ist, für seine Gesetzesvorhaben parlamentarische Mehrheiten zu organisieren, profiliert er sich durch spektakuläre Einzelentscheidungen, um zu zeigen, dass er handeln kann. Er sucht dafür den überparteilichen Konsens und setzt sich immer wieder über die offizielle Linie der Bundes-CDU hinweg. Gleich nach dem Amtsantritt stimmt er im Bundesrat mit der SPD über die Ostpolitik ab. Der Europäer Albrecht will die Aussöhnung mit den Polen, trotz der vielen Vertriebenen, die in Niedersachsen leben, und trotz des Protestes ihrer Verbände.

Ursula Albrecht lernt von ihrem Vater auch, dass Selbstdarstellung zur Politik gehört. Ernst Albrecht inszeniert sich als Mann der Wirtschaft, der zu Terminen auch mal mit dem Hubschrauber einschwebt. Der forsch ankündigt, bei ihm könne nur Minister werden, wer 10 Prozent der Stellen in seinem Ressort kürze. Er präsentiert sich als unverbrauchten Quereinsteiger, der seinen Namen auf Autogrammkarten noch ordentlich schreibt, wie der *Spiegel* damals notiert. Anders als Helmut Kohl, der angeblich unlesbare Kringel produziert.

Albrecht will vor allem ins Fernsehen, er rechnet Journalisten vor, dass er sein Leben lang Wahlkampf führen müsste, um so viele Menschen zu erreichen wie mit ein paar Talkshows. Die Familie bringt er dabei oft mit. Einmal singen die Kinder in der *Aktuellen Schaubude* des NDR im Kanon »Trara, es tönt wie Jagdgesang«. Mutter Heidi Adele thront im roten Kleid in der Mitte und sagt zur Moderatorin anschließend: »Ich glaube, dass ich die Niedersachsen vor allem als Mutter überzeugen kann.« Röschen steht hinter ihr im engen Siebziger-Jahre-Pulli und lächelt ihr Albrecht-Lächeln. Es ist einer von vielen Medienauftritten in ihrer Jugend. Albrecht zeigt seine stets adrett herausgeputzten Kinder regelmäßig vor.

Gleichzeitig erlebt sie, wie bedrohlich Politik sein kann. Ein Jahr nach Albrechts Wahl wird der Industrieverbandspräsident Hanns Martin Schleyer ermordet, kurz darauf die Lufthansa-Maschine Landshut von der RAF entführt. Das Grundstück rund um

Tundrinsheide wird fortan abgesichert. Es sehe dort aus »wie an der Zonengrenze«, schreibt ein Redakteur eines Hannoveraner Stadtmagazins, der Ursulas Bruder Barthold besucht. Einmal wird ganz Beinhorn von Polizisten mit Schutzschilden eingekreist, nur wegen einer Demonstration in der Nachbarschaft. Den Eltern gelingt es, sich und die Kinder an diesen Zustand zu gewöhnen. Die jüngeren Söhne haben sogar Spaß mit den Beamten und finden die Fahrten im Streifenwagen cool. Als die Polizisten den Jungen zeigen, wie man bei Glatteis so bremst, dass sich das Auto wie ein Kreisel dreht, quietschen die vor Vergnügen. »Das waren zwei junge Männer Anfang zwanzig, mit denen wir uns super verstanden haben«, sagt Barthold Albrecht, der Zweitjüngste. Er weiß heute noch ihre Namen.

Die Gymnasiastin Ursula nimmt die Bedrohung mehr mit. Sie hat ein besonders inniges Verhältnis zum Vater und ist siebzehn, als er Regierungschef in Niedersachsen wird. Harald und Lorenz, ihre großen Brüder, studieren da schon in Freiburg und München, die jüngeren Brüder verstehen noch nicht genug. Gerade weil sie bewusst alles mitbekommt, hadert Ursula mit der Politik. Sie beginnt ein Archäologiestudium, die Freizeit verbringt sie vor allem im Pferdestall. Noch Jahre später, als junge Ärztin, wird sie von Sicherheitskräften geschützt. Im Krankenhaus kann sie zeitweise nicht einmal allein vom Kreißsaal zur Umkleide gehen.

Heute redet sie ziemlich oft von ihrem Vater. Er habe das Regieren geliebt, sei aber eher zufällig in der CDU gelandet, sagt sie. Und er habe 1990 nach seiner Wahlniederlage gegen Gerhard Schröder von einem auf den anderen Tag ohne Hadern die Politik loslassen können.

Albrecht zahlte für seine Distanz zur Partei allerdings einen Preis. 1980 nominierte der CDU-Parteivorstand ihn für die Kanzlerkandidatur. Er war damals sehr beliebt in der Öffentlichkeit. Die endgültige Entscheidung über den Spitzenmann, die von CDU und CSU gemeinsam gefällt werden musste, fiel in der Uni-

onsfraktion des Bundestages , wo beide Schwesterparteien vertreten sind. Dort bekam Franz Josef Strauß trotz deutlich schlech-
terer Werte in den Umfragen 135 Stimmen, Albrecht nur 102.
Ihm fehlten Truppen in der eigenen Partei. Aus seiner Stärke,
der Unabhängigkeit, war eine Schwäche geworden.
Könnte es seiner Tochter ähnlich gehen? Norbert Blüm, der
frühere Arbeitsminister, der Albrecht gut kannte, sagt:»Politiker,
die vor allem ihrer inneren Stimme folgen, haben oft eine große
Ausstrahlung, sind aber nicht geeignet, ein Rudel zu bilden.«
So sei es bei Ernst Albrecht gewesen, so beobachtet es Blüm bei
dessen Tochter. Gefragt, welchen Rat er Ursula von der Leyen
geben würde, sagt er:»Ganz einfach: Such dir mehr Freunde,
Mädchen. Am besten in der CDU.«

Feiern mit Campino

Als 17-Jähriger sieht Barthold Albrecht nicht gerade aus, wie man
sich den wohlgeratenen Sprößling eines konservativen Politikers
vorstellen würde: Oben auf dem Kopf stehen die Haare senkrecht,
an den Seiten sind sie abrasiert, die Augen sind mit schwarzem
Kajal umrandet. In der Familie nennen sie ihn »Edel-Punk«. Weil
er in einer Band spielt und eine Platte herausbringen will, wird er
kurz vor seinem 18. Geburtstag für die Kultsendung *Pop Fit* des
Privatsenders FFN interviewt. »Weißt du schon, was du wählen
wirst, du bist ja jetzt bald volljährig?«, fragt die Moderatorin. Er
hat sich darüber noch keine Gedanken gemacht. Trotzdem antwortet er sofort: »Natürlich CDU!«
   Dreiunddreißig Jahre später sitzt Barthold Albrecht, Volks-
wirt, Manager und Vater von fünf Kindern, in einem Café in Berlin-Mitte. Inzwischen trägt er seine Haare glatt. »Nach außen
wirkte unsere Familie wahrscheinlich sehr konservativ«, sagt er.
»Aber im Innenverhältnis waren beide Eltern sehr liberal, wir hat-

ten viele Freiheiten. Und deshalb gab es für uns eigentlich auch keinen Grund, uns von den Eltern abzugrenzen.« Streng seien sie eigentlich nie gewesen. »Der Ton war wichtig, das Miteinander sollte Esprit haben, keiner durfte schwerblütig oder muffelig sein«, sagt Barthold Albrecht. Seine Mutter habe ihre Erziehungsmaxime oft vorgetragen: »Liebe, Vorbild, Zweifel«. An harte Strafen kann er sich nicht erinnern. Schon gar nicht stimme der Bericht, seine Mutter habe ein Kind wegen eines Vergehens gezwungen, mit bloßen Händen Brennnesseln zu pflücken. Das stand mal in der Zeitung – nachdem seine Mutter einen Witz machen wollte.

Sein Bruder Harald Albrecht, der älteste der Brüder, sagt: »Wir sind in einem freien, aber atmosphärisch genau definierten Zuhause aufgewachsen.« Vor seiner Führerscheinprüfung habe er einmal heimlich mit dem Auto des Vaters eine Tour über die Nachbardörfer gemacht, sei dabei gegen einen Baum gefahren und unverletzt geblieben. Die Eltern hätten bei diesem Malheur genauso wenig Druck gemacht wie bei der Nachricht, dass ein anderer Bruder, der erst drei Monate zuvor zu Hause ausgezogen war, schon im ersten Semester Vater werden würde. Als sie das erfuhren, hätten sich die Eltern auf das Enkelkind gefreut. »Sie haben uns vertraut und wir haben das gespürt«, sagt Barthold Albrecht.

Einmal lud er die noch wenig bekannten Toten Hosen nach Tundrinsheide ein, sie sollten in dem großen Raum spielen, in dem oft kleine Aufführungen stattfanden. Daraus wurde eine wilde Partynacht. Doch zunächst begrüßten Ministerpräsident und Landesmutter die Bandmitglieder noch freundlich per Handschlag, und Campino flüsterte dem Gastgeber zu: »Mein Alter ist auch in der CDU.« Doch während des Konzerts kamen immer mehr echte Punks, die in die Büsche pinkelten und bekifft den Tote-Hosen-Song *Ficken, bumsen, blasen, alles auf dem Rasen* grölten. Die Polizeibeamten waren völlig überfordert. »Als mein Vater sah, dass er nicht viel machen konnte, ging er einfach schlafen«, erinnert sich Barthold Albrecht.

Das gemeinsame Elternhaus hat die Albrecht-Geschwister unterschiedlich geprägt. Die beiden Ältesten, Harald und Lorenz, haben ihre Kindheit vor allem in Brüssel erlebt. Der Wechsel in das deutsche Schulsystem macht den beiden älteren Brüdern zu schaffen. Lorenz, der Älteste, muss sogar ein Jahr wiederholen. Er besucht die Parallelklasse seiner zwei Jahre jüngeren Schwester Ursula, die trotz der Umstellung auf ein ganz anderes Schulsystem eine Klasse überspringt und kurz darauf mit Einser-Abitur die Schule verlässt.

Die drei jüngeren Brüder der Ministerin, Hans-Holger, Barthold und Donatus, erleben Kindheit und Jugend in Deutschland, bekommen aber im Gegensatz zu ihrer Schwester die glanzvollen Anfangsjahre ihres Vaters nicht bewusst mit. Als sie anfangen, sich für Politik zu interessieren, wird Albrecht schon vom Oppositionsführer Gerhard Schröder und dem grünen Fraktionschef Jürgen Trittin wegen eines Spielbanken-Skandals vorgeführt. Es wird bekannt, dass der Verfassungsschutz mit Wissen von Albrecht ein Sprengstoffattentat in der Justizvollzugsanstalt Celle vorgetäuscht hat, das »Celler Loch«. Außerdem ist Albrecht wegen seiner Atompolitik unbeliebt. Er hält ein Endlager in Gorleben für nötig. Der Reaktorunfall in Tschernobyl liegt erst wenige Jahre zurück.

Für Röschen Albrecht beginnt eine schwierige Zeit, als sie von zu Hause auszieht. Sie probiert verschiedene Studienrichtungen aus, studiert nacheinander Archäologie, Volkswirtschaft, Medizin – und verbringt so bis zur Facharztprüfung immerhin neun Jahre an der Universität. Gerade die ersten Semester beschreibt sie einmal selbst als »nachgeholte Pubertät«: viel Sinnsuche, lange Gespräche mit Freundinnen und große Unlust, morgens überhaupt aufzustehen – lauter Verhaltensweisen, die man heute mit der Ministerin eher nicht verbinden würde. Das ändert sich erst, als sie aus London zurückkehrt und ein Medizinstudium beginnt.

Womöglich hat sie in den Jahren ein bisschen zu gut funktioniert. Sie war 13, als ihre zwei Jahre jüngere Schwester Benita an einer seltenen Krebserkrankung starb. Sie erinnert sich nicht mehr an viel aus dieser Zeit – wohl aber daran, wie sie am Bett der gerade Verstorbenen in den frühen Morgenstunden Totenwache hielt. Die älteren Familienmitglieder wechselten sich ab. In den Monaten davor hatte alles um Benita gekreist, der Vater spielte oft mit den Mädchen Karten, aber man ließ die Schwester gewinnen. Wenig später, nach dem Umzug, fuhr von der Leyen allein mit den kleinen Brüdern im Zug zum Urlaubsort in Österreich, wo sie erwartet wurden. Der kleinste, Donatus, war noch im Krabbelalter, Röschen kümmerte sich um alle.

»Robust« ist ein Wort, das einem der Brüder für seine Schwester einfällt. Sie sei sportlich, zupackend und unkompliziert gewesen – und sie habe immer zu allem eine Meinung gehabt. Robust sieht die heutige Ministerin auch auf Kinderfotos aus: Strahlend, kräftig, und meistens sitzt sie in der Mitte der Bilder. Sie konnte sich gut durchsetzen gegen ihre Brüder. »Beim Indianerspielen war sie immer Winnetou, nie Nscho-tschi«, sagt einer von ihnen.

Schon nach der Geburt hatte Heidi Adele Albrecht in ihrem später veröffentlichten Tagebuch notiert, das Baby Röschen sei ganz besonders pflegeleicht: »Du bist ein sensationelles Baby, das sich nicht ins Leben hineinschreit, sondern von einem friedlichen Schlummer in den nächsten gleitet.«

Heute haben die Albrecht-Geschwister viel gemeinsam: Große Familien mit vielen Kindern, alle haben Karriere gemacht, alle haben im Ausland gelebt oder sind noch dort. Und eigentlich unterscheiden sich die Erinnerungen von Ursula von der Leyen und ihren Brüdern Harald und Barthold nur in einem Punkt: Sie findet rückblickend, dass der Vater sich für die Karrieren ihrer Brüder deutlich mehr interessiert habe als für ihre – vor allem, als sie schon Mutter war und aus Amerika zurückkehrte. Die Brüder bestreiten das: Gerade die Schwester habe viel Aufmerksamkeit und Hilfe bekommen – zum Beispiel durch das Studium in London und viel, viel Unterstützung beim Start in der niedersächsischen Politik.

3 INSZENIERUNGEN

»Selbst wenn sie im Kopierraum
des Verteidigungsministeriums steht,
schaut sie in die Ferne und
lässt sich fotografieren.«

Sigmar Gabriel

Ursula von der Leyen wird erst in zwei Stunden mit dem Hubschrauber herandröhnen, doch schon jetzt lässt ein einziger Satz sie in allen Köpfen landen, auch in meinem:»Denken Sie daran, es geht um die besten Bilder.« Die Infanterieschule des Heeres in Hammelburg, Anfang Oktober 2014. Die Bundeswehr hat zum Medientag in das unterfränkische Garnisonsstädtchen bei Bad Kissingen geladen – und Heerscharen von Journalisten sind gekommen, Fernsehteams, Fotografen, Online- und Print-Kollegen. Zum Peschmerga-Gucken und zur Von-der-Leyen-Schau.

Es ist 9 Uhr morgens, als uns ein Presseoffizier der Bundeswehr im Offiziersheim der Saaleck-Kaserne erklärt, was in Scheune 31 passieren, wer auf der Ausbildungswiese sein wird und wozu die Leitplanken da sind. Danach dreht sich alles um Bildpunkte, Fotostationen, um Pool- und Schnittbilder, in acht Minuten fällt 19-mal das Wort »Bilder«. Denken Sie daran, es geht um die besten Bilder.

32 kurdische Kämpfer, Peschmerga, werden in Hammelburg an der Panzerabwehrwaffe Milan ausgebildet. In wenigen Tagen sollen sie zurückfliegen in den Nordirak und anderen Peschmerga erklären, wie die Milan funktioniert, was sie tun müssen, damit die Rakete Panzer der radikalislamischen IS-Kämpfer zerfetzt. Kurdische Kämpfer und deutsche Waffen sollen den Vormarsch des Islamischen Staates stoppen.»Die Ministerin«, so heißt es in der Hammelburg-Einladung, »wird das persönliche Gespräch mit den kurdischen Soldaten und den

deutschen Ausbildern suchen, um sich ein eigenes Bild der Ausbildung zu verschaffen.«

Jetzt sucht sie erst mal ihren Platz. Punkt 11 Uhr stürmt von
der Leyen auf die ihr eigene Art in die Scheune 31, einen aufge-
motzten Holzverschlag auf dem Truppenübungsplatz: forsch,
selbstsicher, lächelnd. Ein kurzer Blick – und sie steuert auf das
Zentrum einer Tischreihe zu, setzt sich hin. Vor ihr steht ein
Teller mit Obst: zwei Erdbeeren, eine halbe Pflaume, eine halbe
Kiwi, fünf Weintrauben, eine Physalis. So hübsch drapiert, als
hätte der Food-Stylist vom *Feinschmecker* Hand angelegt. Von der
Leyen wird das Obst nicht anrühren. Politiker, die essen, sehen
auf Fotos aus, wie Politiker nie aussehen wollen. Von der Leyen
weiß das, sie ist Profi.

Es ist bereits ihr zweiter Versuch, persönliche Gespräche zu
führen, sich ein Bild zu machen. Gut eine Woche zuvor war sie
nach Erbil geflogen, um dort, im Norden des Irak, zu sehen, wie
deutsche Soldaten kurdische Kämpfer an deutschen Waffen aus-
bilden. Doch das einzig Deutsche, das bei den Kurden ankam,
war die deutsche Ministerin. Die deutschen Waffen waren in
Leipzig liegen geblieben, die deutsche Soldaten in Bulgarien not-
gelandet. Statt bester Bilder gab es hämische Kommentare. Flugzeuge, die nicht fliegen, U-Boote, die nicht tauchen, Gewehre, die
nicht treffen, bescheren von der Leyen schon seit Wochen eine
schlechte Presse. Auch deshalb sind wir heute in Hammelburg,
zur medialen Gegenoffensive.

In Scheune 31 erklärt der Kommandeur der Ministerin nun
die einzelnen Schritte des Ausbildungsprogramms. Auf ihrer
Fotostation neben der Tür klicken die Fotografen, an ihrem Bild-
punkt vor meiner Nase filmen die Kameraleute. Die Scheune
31, das hat der Presseoffizier vorhin gesagt, sei der ideale Ort
für Schnittbilder.

Wenige Minuten später stehe ich hinter einer Leitplanke vor
einer Ausbildungswiese. Ich setze mich auf die Planke, Füße

im Grünen. »Das geht nicht«, ruft ein Wachsoldat, also stelle ich mich wieder hin, steige zurück, hinter die Leitplanke. Davor bewegen sich kurdische Soldaten im Gefechtstempo. In Vierergruppen setzen sie Starter und Rakete der Milan zusammen, zerlegen sie wieder. »Topzeit!«, ruft einer der Ausbilder. Ursula von der Leyen schaut sich das Geschehen vom Rand der Wiese aufmerksam an, Augen geradeaus. Als die Übung zu Ende ist, rührt sie sich, die Ministerin sucht jetzt das persönliche Gespräch, um sich ein eigenes Bild zu machen. Pausenlos klicken nun die Kameras, Fotografen im Gefechtstempo.

Ich würde jetzt natürlich gern hören, was sich Ministerin und Kurden, Kurden und Ministerin zu sagen haben, wenn sie so pittoresk – die Kurden im Bundeswehr-Flecktarn, die Ministerin in Cremefarben – die Köpfe zusammenstecken. Ich würde mir gern ein Bild davon machen, wie sich die Ministerin ein Bild über den Stand der Ausbildung macht. Doch da ist die Leitplanke vor. Und der Wachsoldat – und die Entfernung.

Wir, die Presseleute, sind zum Medientag nicht eingeladen, um uns ein Bild vom Stand der Ausbildung zumachen. Wir sind eingeladen, um Bilder zu machen. Bilder, die gleich online, später im Fernsehen und am nächsten Tag in den Zeitungen erscheinen werden. Und dort mehr sagen, als die Verteidigungsministerin erzählt. Deutschland muss mehr außen- und sicherheitspolitische Verantwortung in der Welt übernehmen – das erzählt die Ministerin. Und die Bilder aus Hammelburg, die Bilder von Ursula von der Leyen und den Peschmerga, sagen: Ich, Ursula von der Leyen, übernehme sie bereits. Ich gehe voran.

Der Verdacht

Keine andere deutsche Politikerin, kein anderer deutscher Politiker löst regelmäßig einen solchen Rummel aus wie von der Leyen.

Stets schwirren Journalisten um sie herum wie Schlagerfans um Helene Fischer. Es wird gedrängelt und geschubst, gefilmt und geflucht. Der permanente Großauftrieb hat zwei Ursachen, für die eine kann sie nichts, für die andere schon.

Von der Leyen ist die erste Verteidigungsministerin in der Geschichte der Bundesrepublik, die erste Frau in der letzten Männerdomäne der Politik – allein das macht sie schon interessant. Mit dem Wechsel in das Amt, das Helmut Schmidt einst groß und viele andere danach klein gemacht hat, stieg sie zudem endgültig zur Favoritin für die Nachfolge von Angela Merkel auf. Die Medien vermessen sie seitdem noch einmal neu, auf Kanzlergröße hin. Und die internationalen Großkrisen Ostukraine, IS-Dschihadismus und Ebola haben außen- und sicherheitspolitische Fragen so sehr ins Zentrum der politischen Debatte in Deutschland gerückt, dass die Verteidigungsministerin automatisch mitgerückt ist. Das alles erklärt aber nur zum Teil ihre mediale Dauerpräsenz.

Von der Leyen schafft die Anlässe, zu denen über sie berichtet wird, gern selbst. Durch spektakuläre Bilder, durch provozierende Aussagen, durch Vorpreschen, wo andere sich noch sammeln. Ihre Auftritte sind durchorganisiert und durchgestylt, Festtage für minutiöse Planer wie für gewiefte PR-Strategen. Sie hat die Medien genutzt, um aufzusteigen und um ihre Inhalte durchzusetzen. Die hochtourige Bilder- und Themenproduktion stellt sie aber unter den Verdacht, Politik allein zu persönlichen Zwecken zu inszenieren. Das ist ihr erstes Problem. Und ihr zweites: Das System, das sie groß gemacht hat, könnte sie wieder klein machen.

Der Inszenierungsverdacht verfolgt sie, und er eilt ihr voraus. Ein Presseoffizier muss nur »beste Bilder« sagen – und schon haben Journalisten von der Leyen im Kopf. Der Verdacht führt dazu, dass sich Fragen stellen, auf die man bei anderen Politikern gar nicht kommt. Zum Beispiel: Was sollte in Scheune 31 eigentlich der Teller mit Obst? War das noch Frühstück oder bereits Teil der Inszenierung? Was sollten uns die zwei Erdbeeren, die halbe Pflaume, die halbe Kiwi, die fünf Weintrauben, die einsame Physalis sagen? Die Inhaberin der Befehls- und Kommandogewalt gibt ihr letztes Brötchen für eine bessere Ausstattung der Bundeswehr? Oder: Gesund, fit, genügsam, so lebe ich, so bin ich? Inszenierungen sind in der Politik nichts Außergewöhnliches.

Vom Händchenhalten über Soldatengräbern in Verdun über den gummigestiefelten Kanzler im Elbehochwasser bis hin zur Klatschanweisung im Parteitagsdrehbuch wird durchgeplant, was dem Wähler gefallen soll.

Willy Brandt etwa war ein Großmeister der inszenierten Rede. Oft stand er an seinem Pult, erstarrt in seinem Redefluss, suchte, so wirkte das, nach dem nächsten Wort, nach dem Ende seines Gedankens. Dabei lag beides, Wort wie Gedanke, direkt vor ihm, in seinem Manuskript. Er las seine Rede aber nicht vor, er erkämpfte sie sich unter Zuckungen und wilden Gesten direkt vor seinem Publikum. Im schauspielernden Kanzler glaubten seine Anhänger, den echten Brandt zu sehen, ihren Willy.

Unangenehm wird es immer dann, wenn die Inszenierung erkennbar ist, problematisch, wenn sie überzogen wirkt, verheerend, wenn sie nicht zum Persönlichkeitsprofil des Inszenierenden passt. Sie hebt dann die Grenze zwischen Sein und Schein auf, zwischen dem Politiker, der ist, und dem, der behauptet. Die Leute können dann nicht mehr einschätzen, mit wem sie es eigentlich zu tun haben. Inszenierungen in der Politik, die erkennbar sind, kollidieren mit der Sehnsucht der Wähler nach dem authentischen Politiker, nach einem Akteur, dem sie vertrauen können, weil er ihnen sein eigenes Selbst offenlegt.

Das Echo auf eine Inszenierung, die überzieht oder die überzogen wirkt, ist stets negativ: egal, ob sie geplant war, eher zufällig zustande kommt – oder ob sie überhaupt eine ist. 15. August 2014, der NATO-Flugplatz Hohn in Schleswig-Holstein. Die erste Transportmaschine mit 8 Tonnen medizinischer Hilfsgüter für die Kurden im Nordirak, für ihren Kampf gegen die IS-Truppen, soll gleich abheben, Waffen werden noch folgen. Die Verteidigungsministerin ist gekommen, sie inspiziert eine Transall, verabschiedet die erste Besatzung mit Handschlag, wartet den Start ab. Als sie halb in der Nacht das Haus verließ, hat sie sich die schwarze Jeansjacke ihrer Tochter geschnappt, sie trägt sie jetzt, um kurz vor sieben, auf dem Rollfeld. Hinter ihr schiebt sich die Transall in Richtung Startbahn, ein Schattenriss. Am Himmel kämpft sich das frühe Morgenlicht durch Wolkenberge, schneeweiß bis dunkelgrau ziehen sie dahin. Von der Leyen soll jetzt noch dem *Morgenmagazin* der ARD ein Interview geben. Es ist kalt, sie fröstelt, sie verschränkt die Arme vor dem Körper. Sie wartet auf die Schalte, vor ihr stehen ein paar Soldaten, sie warten mit. In diesem Moment drückt Axel Heimken ab. Heimken ist ein wenig zur Seite gerückt, in die Knie gegangen und hat den Ausschnitt gewählt, der das Zentrale erfasst: die Ministerin in Jeans, die Maschine im Halbdunkel, den dramatischen Himmel. Es gab keine Anweisungen, keine Absprachen. So erzählt es Heimken, der dpa-Fotograf, der an diesem Morgen ein Foto geschossen hat, das aussieht wie ein Gemälde, wie eine Ikone.

Die aufgeladene Symbolik in Heimkens Bild erzählt dem Betrachter etwas anderes als »die Ministerin wartet«. Sie sagt: »Die Lage ist dramatisch (Himmel), doch ich, die Verteidigungsministerin, bin bereit (Pose), die Last schwerer Entscheidungen (Transall) auf meinen schmalen Schultern zu tragen. Hier stehe ich und kann nicht anders (Blick in die Ferne).« Ein passender Titel wäre: »Ursula von der Leyen schaut in das Morgen ihrer eigenen Bedeutung.« Aus dem Bild spricht nicht der Zufall eines Schnappschusses, aus ihm spricht der Drang, sich zu inszenieren.

Legt man Heimkens Erläuterung neben sein Bild, so ist man verwirrt. Ist es die eigene Vorstellung, das eigene Klischee von

der professionellen Selbstvermarkterin, die einen glauben lässt,
von der Leyens Blick schweife bedeutungsschwer in die Ferne?
Oder hat sie den Fotografen bemerkt und tatsächlich posiert?
Heimkens Bild zeigt von der Leyen so, wie sie nicht gesehen
werden will: als habituelle Wiedergängerin von Karl-Theodor zu
Guttenberg. Als mediale Kreuzung aus oberstem Soldaten und
Glamourboy war Guttenberg ebenso lässig durch Afghanistans
Kampfgebiete wie durch die deutsche Medienlandschaft flaniert –
bis er der in den Potemkin'schen Dörfern seiner akademischen
Karriere verschwand. Vom ersten Tag an haben die Fotografen
darauf gelauert, von der Leyen in einer Guttenberg-Pose zu erwi-
schen. Und vom ersten Tag an hat die Verteidigungsministerin
alles vermieden, was an die Top-Gun-Ästhetik ihres Vor-Vorgän-
gers erinnerte, den anderen, mittlerweile verglühten Medienstar
der Merkel-Jahre. Und nun liefert sie ohne Not das Motiv, das
sie in Not bringt. Es ist das Bild, das alle Zeitungen drucken,
das Bild, über das die Kabinettskollegen von der SPD Hohn und
Spott ausgießen. Es ist das Bild, das den Verdacht befeuert, Ursula von der Leyen sei im Grunde ihres kühl berechnenden Wesens eine PR-Maschine in eigener Sache.

Bullerbü

Wie ist der Verdacht entstanden? Wie hat er sich festfressen können in so vielen Köpfen? Und vor allem: Stimmt er? Um diese
Fragen zu klären, muss man zunächst einmal die Zeit zurück-
spulen, muss die Verteidigungsministerin ebenso hinter sich
lassen wie die Arbeits- und Familienministerin, muss auch die
niedersächsische Sozialministerin überspringen – und dann ein
Vierteljahrhundert weiter zurückgehen, um Ende der 70er Jahre
im Privathaus des niedersächsischen Ministerpräsidenten Ernst
Albrecht zu landen. Es ist die Zeit, in der die Landesvater-Familie

eine Schallplatte mit Volksliedern aufnimmt, eine Single. *Wohlauf in Gottes schöne Welt* heißt die A- und *Alle Birken grünen in Moor und Heid'* die B-Seite. Wir sind in dem Zimmer mit dem Klavier, und Ursula heißt zu Hause Röschen. Die Albrechts haben sich zur Hausmusik versammelt. Die Eltern und drei Söhne stehen im Halbkreis um das Klavier, an dem Ursula und ein weiterer Sohn sitzen, der fünfte steht hinter den beiden und spielt Klarinette. Die älteren Söhne, junge Männer, starren mürrisch auf ein Gesangsblatt. All das zeigt ein Foto aus dieser Zeit. Man muss nur die Gesichter der jungen Männer sehen, um zu ahnen, dass sich dieses Idyll aus Familienglück und bürgerlicher Gediegenheit rückstandsfrei auflösen könnte, sobald der Fotograf gegangen ist. Nur eine von den acht Albrechts schaut ganz ungezwungen in die Kamera und lächelt – die 19 Jahre alte Tochter Ursula, Röschen. Das Talent, sich so in Szene zu setzen, so präsent zu sein, dass sich alle Aufmerksamkeit auf sie richtet, ist unverkennbar.

Seit sie denken kann, sind Medien in ihrem Leben präsent. Es erscheint ihr als völlig normal, vom Vater zusammen mit der Mutter und den Geschwistern ins Rampenlicht der Öffentlichkeit gestellt zu werden. Wohl vor allem, weil sie stets freiwillig hineintritt. Mit den Medien ist sie aufgewachsen, mit den Medien wird sie groß. Und als sie selbst Politikerin wird, macht sie es genau wie Papi.

Am 4. März 2003 übernimmt sie die Leitung im niedersächsischen Ministerium für Soziales, Frauen, Familie und Gesundheit. Sie ist jetzt 44 Jahre alt, verheiratet und hat sieben Kinder. Als Tochter von Ernst Albrecht ist die neue Ministerin zwar bekannt, als Politikerin aber völlig unbeschrieben. Sie sucht nach einem Thema, das ihr Profil verleiht, ihr helfen kann, jemand zu werden, der für etwas steht. Das Unverwechselbare betonen und überzeichnen, ein Rollenkonzept entwickeln und mit einem positiven Inhalt verbinden: so funktioniert politische PR.

Unverwechselbar an von der Leyen ist die Kombination aus ambitionierter Ministerin und siebenfacher Mutter, das passende Thema dazu ist die Vereinbarkeit von Familie und Beruf und die passende Rolle: Super-Mutti. Und Super-Mutti stellt sich nun ins Rampenlicht – und ihre Familie gleich mit.

Die neun von der Leyens werden für die kommenden zwei Jahre eine öffentliche Familie. Sie lassen sich zu Hause fotografieren, im Freibad, auf dem Weg in den Urlaub. Sie versammeln sich um einen runden Tisch, Mutti hält Plätzchen in die Kamera, und alle strahlen. Sie stehen fein herausgeputzt auf einer Wiese, die jüngste Tochter im Matrosenkleid, und alle strahlen. Sie kuscheln vor einer Scheune, Mutti trägt Kirchenchor-Steckfrisur, und alle strahlen. Sie tummeln sich zwischen Bäumen und Ponys, Zwergziegen tummeln sich auch, und die neun von der Leyens strahlen. Botschaft: So prima vereinbart Mutti Beruf und Familie, dass alle immer ganz begeistert sind. In ihren wöchentlichen Kolumnen in der *Bild*-Zeitung gewährt die Ministerin weitere Einblicke ins zur Schau gestellte Glück zu neunt. Der Leser erfährt, dass die von der Leyens beten, dass Hausmusik ihnen Spaß macht, dass die Ministerin zuweilen mit ihren Töchtern im Wohnzimmer sitzt, alle durcheinanderquasseln und Schokolade futtern – und dass am Heiligabend mittags alle schlafen, damit abends niemand quengelt. Ein Idyll, harmonisch wie in *Bullerbü*, selbstlos wie in *Die Waltons*, tierlieb wie im *Forsthaus Falkenau*.

Im Landtag wirft ihr die Opposition vor, die Ministerin schiebe Kinder, Ehemann und Tiere nur deshalb so frisch gewaschen und ordentlich gekämmt ins Licht der Öffentlichkeit, um noch ein bisschen rascher aufzusteigen. Härter noch trifft sie ein Gerücht, das Parteifreunde streuen: Sie ließe ihre Kinder schon mal doubeln, wenn nicht alle für ein Familienfoto zur Verfügung stünden.

Bei der Bevölkerung schaden ihr weder die Bilder noch die heftige Kritik daran, im Gegenteil. Die Leute sehnen sich nach *Bul-*

lerbü, die *Waltons* hätten sie gern als Nachbarn, und im *Forsthaus Falkenau* würden sie gern wohnen. Je öfter von der Leyen ihnen einen kleinen Einblick gewährt in die Vorabendserien-Glückseligkeit ihrer Großfamilie, desto populärer wird sie. Das Überperfekte der heilen Welt in der niedersächsischen Provinz passt ganz gut zum Überperfekten einer Ministerin, Ärztin und umschwärmten Frau, die neben sieben Kindern und einem Mann auch noch ein eigenes Pferd hat.

Mit dem Wechsel nach Berlin ist Schluss mit den Bildern von Kindern und Zwergziegen, vom Plätzchenbacken und Glücklichsein, seit 2006 gibt es solche Aufnahmen nicht mehr. Doch *Bullerbü* ist gleich doppelt eingebrannt ins kollektive Bewusstsein: Für weite Teile der Bevölkerung ist von der Leyen seitdem die Politikerin mit den sieben Kindern und der Vereinbarkeit. Für Widersacher, zahlreiche Journalisten und nicht wenige Parteifreunde ist sie aber bis heute die PR-Expertin mit dem Schwerpunkt eigene Karriereplanung. Wer Familie inszeniert, der inszeniert alles. In *Bullerbü* wurzelt der Verdacht, Ursula von der Leyen gehe es immer nur um sich selbst.

Bilder können Karrieren begründen und Karrieren zerstören. Der CDU-Spitzenkandidat Frank Steffel trat den Berliner Landtagswahlkampf 2001 als »Kennedy von der Spree« an – und beendete ihn als Angsthase. Bei einer Kundgebung auf dem Alexanderplatz versteckte er sich vor fliegenden Eiern hinter dem geraden Rücken von CSU-Chef Edmund Stoiber. Als ein Fotograf abdrückte, war er erledigt. Die Bilder vom schlanktrainierten, nassgeschwitzten Marathonläufer Joschka Fischer dienten im Wahlkampf 1998 als Symbol: Vor aller Augen erfand sich nicht nur ein einzelner Politiker neu, sondern mit ihm eine ganze Partei. Als Fischers langer Lauf zu sich selbst mit einer neuen Plauze endete, waren die Grünen längst Regierungspartei und Fischer Außenminister. Und seit der talentierteste deutsche Posen-Politiker 2010 vor dem idealen Posing-Hintergrund posierte, weiß jeder deutsche Politiker, der nach New York reist: Stelle dich nie wie Karl-Theodor zu Guttenberg mit ausgebreiteten Armen auf den Times Square, zumindest nicht, wenn Fotografen dabei sind. Von der Leyen saß vier Jahre später in New York dann auch auf einer Brücke, Hand am Geländer – und Blick in die Ferne.

Von der Macht der Bilder wissen Politiker natürlich, sie kennen die ungeschriebenen Regeln im Berliner Alltagsbetrieb: Beim Treppensteigen nur auf dem Weg nach oben filmen lassen, nie auf dem nach unten, sonst liefert man das Motiv »Abstieg« frei Haus. Im Pulk immer zentral vorn laufen, damit die Führungsstärke mit aufs Bild kommt. Nie allein irgendwo ankommen, damit die Aura der Macht einen umgeben kann. Kein privates Glück in Krisenzeiten vermarkten, sonst geht es einem wie Rudolf Scharping. Während die Bundesregierung 2001 deutsche Soldaten nach Mazedonien schickte, präsentierte die *Bunte* den damaligen Verteidigungsminister beim verliebten Planschen mit seiner neuen Lebensgefährtin auf Mallorca – Fotos, die Scharping damals fast den Job gekostet hätten. Regeln wie diese versuchen, die Macht der Bilder in Bahnen zu lenken, einzuhegen. Kontrollieren oder steuern lässt sie sich nie. Schon gar nicht, wenn man, wie die Solistin von der Leyen, auf ein System baut, das immer neue Bilder produzieren muss, damit es funktioniert.

Der Systemkern

Von der Leyen ist eine Außenseiterin in der Welt der CDU. Als Späteinsteigerin fehlen ihr die Weihen der politischen Frühverwurzelung, in der Jungen Union war sie nie. Sie agiert nicht in Seilschaften, sie knüpft keine Netzwerke, sie hat keine Fußtruppen, kümmert sich noch nicht einmal darum, welche zu bekommen. Partei ist ihr nicht wichtig. Wer als Solistin in der Politik erfolgreich sein will, braucht einen mächtigen Verbündeten von draußen. Mächtiger als christdemokratische Seilschaften, Netzwerke und Fußtruppen ist die gesellschaftliche Mehrheit. Für die meisten Deutschen ist es längst normal, dass Mütter einen Beruf ausüben und Väter mehr von ihren Kindern haben wollen, sie stören sich weder an schwulen Paaren noch an Patchwork-Familien, sie finden den Mindestlohn ebenso prima wie gleiches Geld für gleiche Arbeit. Und eine moderne Christdemokratin, die das ebenfalls so sieht, gefällt ihnen auch. Die gesellschaftliche Mehrheit ist nicht so konservativ wie die CDU. Sie ist wie von der Leyen.

Durch mediale Präsenz ein Thema setzen, sich nicht darum scheren, was die eigene Partei davon hält, die gesellschaftliche Mehrheit mobilisieren, die Partei dadurch zwingen, sich hinter ihr zu versammeln: das ist der Kern des Systems von der Leyen. Mit diesem Prinzip macht sie Politik.

Es ist eine gewagte Strategie. Von der Leyen kann weder auf die Sympathie noch auf die Solidarität ihrer Parteifreunde setzen; die Solistin lebt fast ausschließlich von ihrer Popularität. Im politischen Geschäft ist Popularität aber eine flüchtige Währung. Um sie zu stabilisieren, muss von der Leyen präsent bleiben. Wenn sie nicht in den Medien stattfindet, findet sie gar nicht statt. Von diesem Gedanken wird sie getrieben. Ihr System ist darauf getrimmt, permanent Aufmerksamkeit zu erregen, und kann daher leicht überdrehen – das ist die erste Gefahr. Und die zweite: Wer andauernd in den Medien auftaucht, nervt irgendwann, am meisten die Medien selbst.

Medien sind nicht nur Vermittler zwischen Geschehen und Gesellschaft, nicht nur Produzent von Bildern und Texten, nicht nur Abspielstationen für Statements und Botschaften. Sie sind selbst Akteur. Sie haben ihre eigenen Interessen und ihre eigenen Regeln, sie prägen die Wahrnehmung der Welt nach ihren eigenen Gesetzen. Wer Medien nah an sich ranlässt, wer gar mit ihnen paktiert, möchte die Kontrolle behalten. Es passiert aber – und das ist dann oft fatal –, dass man gerade dadurch Kontrolle verliert. Wer wann das Licht der Öffentlichkeit, einmal ange-knipst, wieder ausschaltet oder zumindest dimmt, entscheidet nicht derjenige, der in den Medien vorkommt, das entscheiden die Medien selbst. Das muss jeder beachten, der sich auf Medi-enpräsenz einlässt. Und noch etwas: Je prominenter man wird, desto stärker zeichnen andere das öffentliche Bild. Wer als Me-dienmensch aufsteigt, verliert auf der Strecke seine Autonomie. Über die Jahre hat von der Leyen ihre Methoden verfeinert. Ganz am Anfang, als sie in die Politik einstieg, hat es noch ge-reicht, Präsenz zu zeigen, um sich durchzusetzen. Bei der Kan-didatenaufstellung für den Niedersächsischen Landtag trat sie im Dezember 2001 gegen den Industriekaufmann Lutz von der Heide an, der den Wahlkreis zuvor elf Jahre lang in Hannover vertreten hatte. Sie gewann die Kampfabstimmung mit einer Stimme Vorsprung, doch es gab Unregelmäßigkeiten, von der Heide klagte vor Gericht, die Wahl musste wiederholt werden. Von der Leyen nutzte die Wartezeit, um sich öffentlich mit ihrem Vater zu zeigen, ein Fotograf war dann auch immer dabei. Die Lokalpresse schrieb, von der Heide sei ein schlechter Verlierer. Die Wiederholung der Wahl gewann von der Leyen haushoch.

In Berlin braucht sie ausgefeilte Instrumente. Als Familienmi-nisterin entwickelt sie einen Drei-Stufen-Plan, der gleich beim ersten Projekt einschlägt. Familie ist da, wo Kinder sind. Im Fa-milienministerium sind keine. Also startet die Ministerin eine Großoffensive in Kitas, Kindergärten, Schulen. Zu den Kleins-ten rückt sie am liebsten aus, dann bringt sich immer auch ein Tross Fotografen und Kameraleute in Stellung. *Tagesschau* und *heute* zeigen immer öfter eine quietschfidele Ministerin, die mal auf dem Boden rumrobbt und mit Kita-Kindern bastelt, mal Gu-te-Nacht-Geschichten vorliest, mal auf einem Bobbycar davon-braust – und in den Wohnzimmern der Nation damit gut an-kommt. Die Präsenz ist geschafft, das Thema gesetzt: der Mangel an Betreuungsplätzen. Stufe eins abgeschlossen.

Stufe zwei ist schnell erzählt. Als sie im Februar 2007 den massiven Ausbau der Kinderkrippen ankündigt, hat sie zuvor nicht lange nachgefragt, was die Union davon hält. Umgehend sind Teile der CDU und die komplette CSU auf dem Baum. Sie sehen das traditionelle Familienbild bedroht, fluchen heftig über eine Ministerin, die nichts abstimme und durch große Ankündigungen Fakten schaffen wolle. Dann zündet Stufe drei: Vom DGB über die Arbeiterwohlfahrt bis zum Zentralrat der Deutschen Katholiken, vom Paritätischen Wohlfahrtsverband über die Caritas bis zum Rat der Evangelischen Kirche melden sich Stimmen, die von der Leyens Vorstoß loben, Bundespräsident Horst Köhler dankt ihr öffentlich. Die meisten dieser Wortmeldungen haben von der Leyen und ihr Team im Vorfeld organisiert, die bestellte Unterstützung der gesellschaftlichen Mehrheit trifft pünktlich ein. Der Großteil der Presse feiert sie und geißelt ihre Kritiker in der Union. Denen bleibt am Ende nichts anderes übrig, als der Frau, die vorgeprescht ist, hinterherzuhecheln. Von da an gilt sie als Modernisiererin der CDU. Das System von der Leyen funktioniert.

Zu ihren Methoden gehört auch, Begriffe oder Formeln zu finden, die das Komplizierte der Politik auf die Größe des Alltags übersetzen; die dem kalten Bürokratendeutsch der Ministerialbürokratie ein menschliches – in ihrem Fall: mütterliches – Antlitz verleihen. Sie kann zwar nicht, wie angestrebt, »Hartz IV« in »Basis-Geld« verwandeln. Als Arbeitsministerin, die sie 2009 wird, liefert von der Leyen dennoch ihr Meisterstück im Fach *Branding*.

Im Februar 2010 verkündet das Bundesverfassungsgericht sein Urteil zum Existenzminimum für Hartz-IV-Kinder. Im Vorfeld war klar, dass der Staat künftig mehr würde zahlen müssen. In dem Thema steckt Profilierungspotenzial, von der Leyen sitzt in Karlsruhe in der ersten Reihe, die Medien berichten ausführlich. Sie ist jetzt die Frau, die dafür sorgt, dass arme Kinder künftig ein bisschen weniger arm sein werden. Gesucht wird noch ein Begriff, der empathischer klingt als »Existenzminimum« und »Hartz-IV-Kinder« – bis ihr ein Abteilungsleiter mit SPD-Parteibuch mit dem »warmen Mittagessen« kommt. Bei von der Leyen wird es umgehend zum »warrrmen Mittagessen«, das hört sich noch wärmer an. So mitfühlend redet von der Leyen fortan über arme Kinder und wärmende Speisen, dass das bürokratische Ungetüm, das ihre Experten im Ministerium unter dem Namen »Bildungspaket« entwickeln, im dichten Empathie-Nebel gar nicht erst sichtbar wird.

Doch Super-Mutti ödet Teile der Medien nun an. Medien neigen prinzipiell dazu, sich an dem, was sie selbst produzieren, sattzusehen. Helden zu kreieren und wieder zu demontieren gehört zu ihren Produktionsbedingungen. Das Bild einer stets gut gelaunten, stets entspannten Mega-Mutter, erfolgreichen Ministerin, gelernten Ärztin und umschwärmten Frau haben Medien vermittelt und lange Zeit gefeiert. Sie versuchen es nun zu dekonstruieren. Was, so fragen sie, ist an einer Überperfekten, die so frisch und unbeschwert durch ihr Hochglanzleben springt wie die Hochglanzmenschen durch die Lätta-Werbung, eigentlich authentisch?

»Sie zeigt der Öffentlichkeit ein Leben aus Vaseline, ein vollkommen bruchloses Leben. Sie raucht nicht, trinkt nicht, isst keine Königsberger Klopse nach acht, liebt ihren Mann, sie hat sieben Kinder, die auf Fotos immer so aussehen, als würden sie freiwillig ihre Schuhe putzen«, schreibt der *Spiegel*. Und in der *Welt* heißt es: »Mit ihrem Aufstieg dreht sich für die Marketing-Zauberin die Reklame-Spirale ein gefährliches Stück weiter. Denn um Nachfragen zu vermeiden, muss Frau von der Leyen den Werbedruck in eigener Sache noch erhöhen. So wird das Image der Perfektfrau immer surrealer, die Versatzstücke aller Stile und Epochen vereint, von Pam Anderson über Magda Goebbels bis Antje Schäffer-Kühnemann.«

Von der Leyen ist zu hoch aufgestiegen, um ihr öffentliches Bild noch vollends kontrollieren zu können, immer mehr andere zeichnen es nun. Der Vergleich mit Magda Goebbels, der Frau, die ihre sechs Kinder vergiftete, empört sie bis heute. Er zeigt, in welchem Maße sie polarisiert.

Medienmenschen

Bernhard Pörksen ist Professor für Medienwissenschaft an der Universität Tübingen. Er forscht zur Dynamik öffentlicher Empörung, zu Medienskandalen und Medienethik – und zu Inszenierungsstilen. Er ist Koautor diverser Bücher, sie heißen *Skandal. Die Macht öffentlicher Empörung, Medienmenschen. Wie man Wirklichkeit inszeniert* oder *Die Casting-Gesellschaft. Die Sucht nach Aufmerksamkeit und das Tribunal der Medien.* Mit Pörksen muss man reden, wenn man das System von der Leyen und den Widerstand, den es hervorruft, besser verstehen will.

Pörksen, Jahrgang 1969, wählt einen radikaleren Ausgangspunkt als andere Betrachter des politischen Spektakels. Für ihn ist die Inszenierung niemals Auswuchs, keine Verirrung, nichts Verdächtiges, sie ist ganz alltäglich. »Man kann nicht nicht-inszenieren«, sagt er. Und:»Die Inszenierung gehört zum Instrumentarium des modernen Menschen.« Für Pörksen gibt es keine inszenierungsfreie Zone. Hinter jeder entlarvten Inszenierung stecke womöglich eine weitere. Die viel beschworene, hoch gepriesene Authentizität sei nicht das Gegenteil von Inszenierung, sondern eine Spielart. Im»Kult ums Authentische« offenbare sich das Misstrauen der Bürger gegenüber der Politik sowie eine weit verbreitete Sehnsucht nach Verlässlichkeit.

Hier muss man einen Moment innehalten, um Pörksens Prämisse am politischen Personal zu spiegeln. Politiker, die als authentisch gelten, sind zum Beispiel Franz Müntefering und

Angela Merkel. Als SPD-Chef verwies Müntefering gelegentlich selbstironisch auf seine fehlende akademische Bildung und streute ». . . dazu reicht Volksschule Sauerland . . .« ein. Er sprach auch gern in einer spezifischen Form des Dreiwortsatzes: »Fraktion gut, Kanzler gut, Partei auch, Glückauf.« Als Müntefering merkte, dass die Volksschule Sauerland genauso gut ankam wie die Stakkato-Rhetorik, setzte er beides ganz gezielt öfter ein, wie er später in einem Interview mit der *Zeit* einräumte. Müntefering verstärkte, was schon da war. Man kann auch sagen: Müntefering inszenierte den authentischen Müntefering – und wich dadurch von ihm ab.

Bei Angela Merkel greift der gleiche Mechanismus. Alle, die sie näher kennen, beschreiben sie als uneitel und bodenständig, als Politikerin, die ihre Bedeutung nicht so demonstrativ vor sich hertragen müsse wie viele männliche Kollegen. Merkel gilt als eine normale, auf dem Boden gebliebene Frau, die man sich immer noch gut in jenen Sandalen und weißen Socken vorstellen kann, in denen sie einst die politische Bühne betrat. Kanzlerin ist sie aber auch. In ihren ersten Regierungsmonaten spürte Merkel, dass die normale, auf dem Boden gebliebene Kanzlerin bei den Leuten gut ankommt. Sie ist schlau genug, die normale, auf dem Boden gebliebene Kanzlerin von da an stets auftreten zu lassen. Ob der *New Yorker* ein 50-Seiten-Porträt über sie schreibt oder nicht. Ob sie nun als die »mächtigste Frau der Welt« gefeiert wird oder nur als zweitmächtigste. Merkel präsentiert stets die Kanzlerin, die alle in ihr sehen. Ob sie die aber immer noch ist, weiß nur sie selbst.

Müntefering und Merkel sind Großmeister der dezenten Inszenierung, sie unterspielen eher, darin liegt ihre Kunst. Von der Leyen ist das Gegenteil: Im politischen Theater gibt sie gern die Rampensau.

Beim deutschen Medienpreis tauscht sie Küsschen mit »the sexiest man alive«, George Clooney. Bei *Wetten dass ..?* steigt sie in eine Mülltonne, lässt sich vom nächsten »sexiest man alive«, dem australischen Schauspieler Hugh Jackman, aus ihr heraushelfen und durch den Saal tragen, um in der Pose des verliebten Teenagers ins Sofa zu sinken. Und zu dem als Karstadt-Sanierer gefeierten Nicolas Berggruen, einer Art »sexiest man alive« der internationalen Investorenszene, eilt sie in ein Berliner Kaufhaus – zum Wettstrahlen der Stars vor laufender Kamera. Showtime.

Die Glamouröse kann auch frech: Im »Sagen Sie jetzt nichts«-Interview des *SZ-Magazins* beantwortet sie die Frage, worauf sie bei Männern als Erstes achte, mit einem kräftigen Klaps auf den Hintern, und auf die nach dem Sexy-Faktor des französischen Präsidenten Nicolas Sarkozy mit einem Gesichtsausdruck, als habe der Fragesteller nicht mehr alle Fransen am Schal. Von der Leyen macht vieles mit, wofür andere Politiker gar nicht erst infrage kommen. Über die immer durchlässigere Grenze zwischen Information und Unterhaltung, zwischen Ernst und Show flaniert sie so selbstverständlich hinweg wie niemand sonst in der Politik.

Ob Bildungspaket oder Schlecker-Frauen, Rente oder Mindestlohn: die Arbeitsministerin von der Leyen redet permanent mit, wenn im Fernsehen getalkt wird, ob bei Illner, Will oder Jauch. Kein Politiker wird 2012 öfter in Talkshows eingeladen als sie. Ganz am Anfang, als sie gerade Familienministerin geworden war, hat sie sich einmal aus der Fassung bringen lassen. Als Frank Plasberg, der Moderator von *Hart aber fair*, sie fragte, ob sie sich schon entschieden habe, was sie sein wolle, eine schlechte Mutter oder eine schlechte Ministerin, war sie blockiert, brachte als Entgegnung nicht viel mehr zustande als ein schockgefrorenes Lächeln. Doch die Eingeschüchterte hat sie längst hinter sich gelassen. Argumentieren, zoffen, Scheinwerfer – sie liebt es längst. Die Kanzlerin ist so angetan von den Auftritten, dass sie von der Leyen im Wahlkampf 2013 an die Fernsehfront schickt.

Ausgerechnet von der Leyen, die Außenseiterin, wird neben Merkel nun zum zweiten Gesicht der CDU. Im Wettstreit mit den Spitzenkandidaten der anderen Parteien erweist sie sich als hocheffiziente Wahlkampfwaffe. Als am Wahlabend die CDU-Prominenz zum Tote-Hosen-Hit *An Tagen wie diesen* tanzt, tanzt sie dort, wo sie sich am wohlsten fühlt: ganz vorn.

Sie genießt es, im Rampenlicht zu stehen, ihre Inszenierungen springen dem Publikum sofort ins Auge, während sie bei Müntefering und Merkel kaum wahrnehmbar bleiben. Das sagt viel aus über politischen Stil und persönliches Temperament – aber wenig darüber, ob das eine echt und das andere unecht oder wer nun authentischer ist. Folgt man der Prämisse, dass ein Politiker mit seiner ganzen Person für seine Politik einstehen, dass sein öffentliches Handeln sich aus seinem privaten Erleben ableiten muss, wenn er als authentisch gelten will, dann ist die überdrehte Inszenierungskünstlerin von der Leyen weniger Kunstfigur als die normale, auf dem Boden gebliebene Kanzlerin Merkel. Bei kaum einer anderen Politikerin kann man das eigene Leben so sehr als Folie für politische Entscheidungen deuten wie bei von der Leyen. Das reicht von der siebenfachen Mutter, die Krippenplätze ausbaut und Väter in die Erziehungszeit lockt, bis hin zur polyglotten Weltbürgerin – in Brüssel geboren und aufgewachsen, in London studiert, in Kalifornien gearbeitet –, die eine aktivere Rolle Deutschlands in Krisenregionen einfordert.

In der Inszenierungsmeisterin steckt, ähnlich wie in einer Matroschka-Puppe, daher noch ein zweiter, sehr seltener Politikertyp. Einer, dem zu einer Zeit, da Parteien immer weniger Menschen binden können, eine Sonderrolle zufällt. Als allgegenwärtige Sozialreformerin aus dem braven Bürgertum passt von der Leyen in keine politische Norm. Progressiv im Handeln, konservativ in der persönlichen Lebensführung, immer offensiv und zuweilen glamourös in der Außendarstellung, lässt sie parteipolitische Verortungen ebenso hinter sich wie die Biederkeitsgebote des politischen Purismus und wird gerade dadurch für weite Teile der Bevölkerung interessant. Als unabhängige Grenzgängerin gehört sie zu den wenigen, die noch eine Brücke bauen können zwischen der Politik und ihrem immer skeptischeren, immer unpolitischeren Publikum. Und da sie als Frau das harte Männergeschäft selbstbewusst aufmischt, punktet die siebenfache Mutter von der CDU selbst bei jungen Frauen im linken Milieu. Politische Gegner sehen da nicht nur alt aus, sondern auch noch altmodisch. Das ist der Grund, warum von der Leyen in diesen Jahren die Häme und die Kritik in Teilen der Medien nichts anhaben können. Im Gegenteil: Sie schießt unter die Top Drei in den Beliebtheitsrankings und hält sich dort. Sie polarisiert zwar extrem, in Medien wie in der Gesellschaft. Aber nur die Minderheit sieht in ihr die Spezialistin für Eigenwerbung. Und die deutliche Mehrheit eine moderne Politikerin.

Das kluge Instrument

Tausende Bilder, Dutzende Talkshows, ungezählte durchorganisierte, durchgestylte Auftritte liegen hinter ihr, als Ursula von der Leyen im Dezember 2013 Verteidigungsministerin wird. Sie hat sich ein härteres Ressort gewünscht als Familie oder Arbeit – und das härteste bekommen. Es geht um Bedrohung und Waffen, um Ausrüstung und Krisen, um Leben und Tod. Im Verteidigungsministerium ist vieles anders als in anderen Ressorts, auch der Umgang mit Medien. Themen kann man nur selten gezielt setzen – viel öfter sind sie plötzlich da. Wenn Soldaten in der Ausbildung bizarre Rituale veranstalten, wenn deutsche Soldaten im Auslandseinsatz fallen, wenn Putin die Krim annektiert, wenn mal wieder bei dem einen Rüstungsprojekt dieses und bei dem anderen jenes nicht klappt.

Von der Leyen, PR-Expertin und Talkshow-Profi, muss nun mit diversen Öffentlichkeiten kommunizieren: mit dem breiten Publikum, das einfache Botschaften will und mit dem Begriff »Streitkräftebasis« nichts anfangen kann. Mit dem politisch-medialen Komplex Berlin-Mitte, der über die Streitkräftebasis diskutiert und schreibt. Mit den drei Millionen aktiven oder ehemaligen Bundeswehrangehörigen und deren Familien, die über die Streitkräftebasis alles besser wissen. Und mit dem Ausland, das alles liest, was eine deutsche Verteidigungsministerin sagt, und das die Streitkräftebasis übersetzen und erklären muss. Für eine Politikerin, die mit klaren, einfachen Botschaften auf die gesellschaftliche Mehrheit zielt, ist das ein Problem: Für jede einfache Botschaft findet sich immer ein ehemaliger General, der diese als Ausweis der Ahnungslosigkeit deutet – und Medien das im Vertrauen wissen lässt. Damit will er keine Schlagzeilen erzeugen, sondern Meinungen und Einschätzungen von Journalisten beeinflussen, das ist nachhaltiger.

Von der Leyen ist als Frau mit Macht ins neue Amt gekommen, zu dem Zeitpunkt, Ende 2013, ist in Deutschland nur die Kanzlerin mächtiger als sie. Auf die Frage, woraus ihre Macht erwächst, antwortet sie der *taz:* »Wenn du etwas erreichen willst, musst du über das kluge Instrument nachdenken.« Was aber ist ein kluges Instrument im Umgang mit der Öffentlichkeit und den Medien? In ihrer bisherigen Zeit als Verteidigungsministerin hat sie sehr unterschiedliche Instrumente getestet. Eine kleine Auswahl:

- *Die Provokation:* Im Spätsommer 2014 diskutiert Deutschland darüber, ob die Bundesregierung erstmals Waffen in ein Kriegsgebiet liefern soll. In einem Interview mit der *Zeit* sagt die Verteidigungsministerin:»Wichtiger als die Frage, ob und welche Waffe wir am Ende liefern, ist die Bereitschaft, Tabus beiseitezulegen und offen zu diskutieren.« Das Geschrei ist groß. Die SPD wirft von der Leyen eine Kehrtwende in der Sicherheitspolitik vor, CSU-Chef Seehofer fordert sie auf, das Gerede vom Tabubruch sein zu lassen, der *Stern* titelt: »Die Kriegsministerin«. Ergebnis: Sie steht da, wo sie am liebsten steht: im Zentrum einer Debatte. Doch die Öffentlichkeit ist irritiert.

- *Das Durchstechen:* Oktober 2014, drei Monate lang haben Berater und Anwälte von KPMG und zwei weiteren Gesellschaften die sieben größten Rüstungsprojekte und zwei weitere Rüstungsvorhaben der Bundeswehr analysiert. Von der Leyen hat sie beauftragt, ihr liegt nun der Abschlussbericht vor. Zwei Tage vor der offiziellen Präsentation veröffentlicht die *Süddeutsche Zeitung* exklusiv die Kernaussagen der Studie, Tenor: Miserables Zeugnis für die Bundeswehr, schonungslose Abrechnung, von der Leyen packt das nun an. Mitglieder des Verteidigungsausschusses des Bundestages klagen: Bevor sie den Bericht erhielten, sei er bereits veröffentlicht und der mediale Spin gesetzt. Mit ihren Einschätzungen kämen sie dagegen nicht mehr durch. Ergebnis: Deutungshoheit erlangt.

- *Ihr Charme:* Anfang Mai 2014, die Ministerin besucht die Bundeswehrhochschule in München. Am Morgen hat sie hier die erste bundeswehreigene Kita eröffnet, jetzt soll sie eine Rede vor Studenten halten, danach Fragen beantworten. Der Hörsaal ist voll, alle Plätze sind belegt. Als die Ministerin kommt, ertönt ein scharfes »Ich melde« – und 500 junge Männer und Frauen in Uniform stehen hinter ihren Bänken, kerzengerade. Vorn links, in der vierten oder fünften Reihe ganz außen, entdeckt von der Leyen einen Journalisten, er hat sich eingeschlichen, dürfte eigentlich gar nicht da sein, geschlossene Kameradschaft. Er steht ebenfalls. Von der Leyen geht die Treppen hinunter, beginnt zu lächeln und stoppt direkt vor ihm, aus dem Lächeln wird ein Strahlen: »Dass Sie vor mir strammstehen«, säuselt sie, »das ist ein

Bild, das ich nie wieder aus dem Kopf bekomme.« Ergebnis: Der Journalist lächelt zurück.

- *Die Inszenierung, Teil 1:* Im Januar 2014 beobachtet von der Leyen auf dem Truppenübungsgelände Altmark erstmals eine Bundeswehr-Übung. Rund 500 Soldaten trainieren dort mit etwa 20 Kampfpanzern. Nach der Übung will sie vor Kameras ein kurzes Statement abgeben. Doch bevor sie sich »sehr beeindruckt von der Technik« zeigen wird, müssen erst noch zwei Schützenpanzer vom Typ Marder so geparkt werden, dass sie zum Hintergrundmotiv taugen. Panzerbild mit Dame. Ergebnis: Nicht immer, wenn man sich um beste Bilder bemüht, kommen gute Bilder dabei heraus.

- *Die Inszenierung, Teil 2:* Antrittsbesuch in den USA, es ist der 16. Juni 2014, der Tag des ersten Spiels der deutschen National-mannschaft bei der Fußball-WM in Brasilien, es geht gegen Portugal. Der Abflug wird um sechs Stunden vorverlegt, damit Ministerin und Pressemannschaft rechtzeitig vor dem Groß-bildschirm sitzen. Mit der Nationalhymne laufen alle ein, Deutsches Haus in New York, irgendwo weit oben, vom Fens-ter aus schaut man hinab auf das UN-Gebäude. Dutzende Menschen sind gekommen, Deutsche, Amerikaner, sie sitzen auf Bänken und Stühlen weiter hinten im Raum, vorn ste-hen breite Ledersessel bereit. »Ist das hier für Queen Mom?«, fragt von der Leyen, schnappt sich einen Sessel, schiebt ihn zu den Stühlen und Bänken, hinein in Deutsche und Amis, und quatscht Nebenleute an. Das Spiel läuft, von der Leyen trägt jetzt eine schwarz-rot-goldene Girlande um den Hals und lacht. Fotoapparate klicken. Wenige Minuten später kommt zur Girlande um den Hals noch ein Kleinkind auf dem Schoß. Klick, klick, klick. Man möchte gerade wetten, dass ein Schä-ferhund auftaucht und sich der Ministerin zu Füßen legt, da schießt Müller das 1:0. Von der Leyen jubelt, springt auf – das Kleinkind ist weg, die Girlande noch da – und strahlt über das ganze Gesicht. Wie Röschen an Weihnachten. Klick, klick, klick. Fußball, das sollte man noch erwähnen, interessiert sie nicht. Ergebnis: Einmal in Fahrt, ist sie so wenig zu stoppen wie Thomas Müller.

Keines dieser Instrumente funktioniert. Als Verteidigungsministerin stürzt von der Leyen in den Umfragen ab und liegt zum Jahreswechsel 2014/15 in den Beliebtheitstabellen hinter Sigmar Gabriel, Gregor Gysi und, besonders bitter, Manuela Schwesig. Menschen, die sie das Jahr zuvor noch mit dem Fernglas beobachten mussten, so weit schwebte sie da über ihnen. Von der Leyen, die Überperfekte, die Frau, der man zutraut, angetrieben allein von Latte macchiato und unerbittlicher Wohlgelauntheit ins Kanzleramt aufsteigen zu können, lernt nun einen Weg kennen, der in ihrer Welt gar nicht angelegt ist: den nach unten. Warum?

Mentale Gefängnisse

Für die Talfahrt kann man viele Gründe finden, vom ungewohnten Anblick einer Frau an der Spitze der Truppe über das Ausrüstungsdebakel der Bundeswehr bis hin zum allzu forschen »Ich«-Rufen, wenn die Frage aufkommt, wer in internationalen Krisen was leisten kann. Doch all diese Gründe greifen zu kurz, sind nur Teilerklärungen, die eigentliche Ursache liegt tiefer. Dort, wo man den Medienwissenschaftler Pörksen braucht.

Pörksen spricht von der Inszenierung als dem »offenen Geheimnis der Mediengesellschaft«. Niemand störe sich daran, solange die Inszenierung nicht sichtbar, nicht beweisbar werde. Falls doch, funktioniere sie weiterhin, solange zwei Kriterien erfüllt seien: Sie müsse wesensgerecht und situationsadäquat sein, also zur Person und zur Lage passen. Als Beispiel für eine

Inszenierung, die nicht funktionierte, nennt Pörksen die Talkshow mit Johannes B. Kerner und Guttenberg im Feldlager Masar-i-Scharif. Das Unterhaltungsformat hätte nicht zum Ernst des Ortes gepasst und der Ernst des Ortes nicht zum Plauderton der Beteiligten. *Johannes B. Kerner* in Afghanistan hätte sowohl Guttenberg geschadet als auch dem Moderator.

Von der Leyen erlebt als Verteidigungsministerin Ähnliches. Fünf Monate nach Dienstantritt reist sie ans Horn von Afrika und in den Libanon. In Ihrem Schlepptau eine Damenriege, Journalistinnen von *Gala* und *Bunte, Super-Illu* und *Bild der Frau, Tina* und *Brigitte*. Geschichten über Soldatinnen in Frauenzeitschriften sind gewünscht. Die Bundeswehr soll raus aus ihrer medialen Nische, will mehr junge Frauen für sich gewinnen. Die daheim gelassenen Journalisten, die regelmäßig über die Bundeswehr und Sicherheitspolitik schreiben, in der Regel Männer, schäumen über »Uschi an der Boulevardfront«. Verletzte Eitelkeit bleibt aber nicht der einzige Kollateralschaden.

Am Abend der Rückkehr werden in der Ostukraine vier deutsche Bundeswehrsoldaten entführt. »Das Wetter war toll, dazu das hellblaue Meer« – die Sätze über den Damen-Trip nach Afrika, die jetzt erscheinen, passen genauso wenig zur Nachrichtenlage wie die Fotos einer glückstrahlenden Ministerin an der Seite von *Tina* und *Brigitte*. Die Bildunterschrift »Spaghetti ›al Mare‹ mit der Ministerin« irritiert angesichts von Bildern, die zeigen, wie Oberst Axel Schneider und die anderen aus seiner OSZE-Beobachtergruppe zu Propagandazwecken vorgeführt werden. Nicht situationsadäquat, wie Pörksen das nennt. Die gesamte Reise erscheint am Ende als verfehlte PR-Nummer der Verteidigungsministerin, die Wichtiges nicht von Nichtigem zu unterscheiden weiß.

Problematischer noch als eine Situation, die nicht passt, ist eine Person, die nicht funktioniert. Machtwille und Durchsetzungskraft von der Leyens passen zwar durchaus zu den Erwartungen an einen Verteidigungsminister, Härte demonstrieren zu können. Doch ihr öffentliches Bild, das sie über Jahre zielbewusst selbst aufgebaut hat, ihr Image, stößt sich an den Themen, die sie nun vertritt, und an den Bildern, die sie heute liefert. Die Marke von der Leyen steht für heile Welt, nicht für internationale Krise, sie steht für warmes Mittagessen, nicht für Kalten Krieg. Die Deutschen bekommen die Mutti der Nation und Waffen-Uschi nicht zusammen. Genau hier liegt der eigentliche Grund für die Umfragentalfahrt der Verteidigungsministerin von der Leyen. In Bullerbü hat man sich lieb und haut sich nicht den Kopf ab.

Pörksen nennt das »mentale Gefängnisse«. Betrachter machten sich ein Bild und ließen den Betrachteten nicht daraus ausbrechen. Von der Leyen habe sich über Jahre ein so klar konturiertes Image aufgebaut, dass sie es nicht verändern könne, ohne zu irritieren. Das sei wie bei einem Komödianten, der plötzlich King Lear spielen wolle. Das Publikum akzeptiere die ungewohnte Rolle nicht ohne weiteres. Ein Imagewechsel sei nicht möglich, ein Imagewandel aber schon. Dafür bräuchte man aber zwei Dinge: Zeit und ein »Brückennarrativ«.

Wie aber kommt man vom Elterngeld zum Eurofighter, welche Erzählung trägt einen vom roten Teppich zum blutigen Wüstensand, von den Zwergziegen zu Hause zu den IS-Terroristen in Syrien? Von der Leyen versucht es gleich nach der Stabübergabe mit dem Thema, das die Öffentlichkeit am meisten mit ihr verbindet: die Vereinbarkeit von Familie und Beruf. Sind die Soldaten nicht besonders belastet? Dauernde Versetzungen, kaum bundeswehreigene Kindergärten, Einsätze im Ausland, niemand kümmert sich um die Partner: von der Leyen stürzt sich mit einem Elan auf die Vereinbarkeit, als sei sie immer noch Familienministerin und Deutschland eine Kita-freie Zone. Die alte Rolle bestärkt das alte Image, und beides stößt sich am neuen Job.

Die Verteidigungsministerin spricht von Familienfreundlichkeit, Kinderbetreuung und Teilzeit, von Attraktivität, Lebensarbeitszeitkonten und Wettbewerb – nur nicht von der NATO, Schützenpanzern, Transportflugzeugen und Kampfhubschraubern. Und auch nicht über ISAF, KFOR oder Atalanta. Außer »mehr Verantwortung« sagt sie nichts zum Kern ihres Ressorts. Von der Leyen baut keine Brücke vom einen Ministerium ins andere, vom alten Image zum neuen. Sie macht weiter wie bisher und damit die Kluft deutlich. Weil ihr System Stillstand weder kennt noch zulässt. Weiter, immer weiter, die Bilder- und Themenproduktion darf nicht stehen bleiben. Das erinnert an den Kojoten in den *Road Runner*-Zeichentrickfilmen von früher: Sie stürmt über die Klippe hinweg, läuft in der Luft noch ein paar Meter weiter und merkt erst dann, dass unter ihr gar nichts mehr ist. Noch nicht mal ein Brückennarrativ. Selbstvermarktung läuft leer, wenn der Inhalt nicht stimmt.

Wem dient nun die Bilder- und Themenproduktion, wem die Inszenierungsmaschinerie im System von der Leyen: der Sache oder ihr selbst?

Wer in der Politik ein Vorhaben erfolgreich umsetzen will, muss sich drei Fragen stellen. Erstens: Wie vernünftig ist mein Anliegen, taugt es was in der Sache? Zweitens: Welche Chancen habe ich, Mehrheiten hinter mir zu versammeln? Drittens: Wie kann ich mein Anliegen kommunizieren? Oder anders gesagt: Wie bekomme ich einen größtmöglichen Aufschlag in den Medien hin?

Kritiker beklagen, es bestünde eine Diskrepanz zwischen politischer Bilanz und öffentlicher Bewunderung, zwischen Sein und Schein. Schaut man sich an, was von der Leyen in den insgesamt zwölf Jahren als Ministerin, vom Start in Hannover bis ins Verteidigungsministerium in Berlin, an Vorhaben umgesetzt hat – oder gerade umsetzt –, so kann sich die Liste durchaus sehen lassen. Sie reicht vom Ausbau der Kinderbetreuung über die Einführung des Mindestlohns in der Pflegebranche bis zur Attraktivitätsoffensive der Bundeswehr und vom Elterngeld über die Einschränkung der Leiharbeit bis zum Umbau des Rüstungswesens und ist damit noch nicht vollständig. Dass nicht alles den gewünschten Ertrag gebracht hat, ist unstrittig. Das Elterngeld hat nicht dazu geführt, dass Akademiker mehr Kinder bekommen, die Bildungskarte ist bürokratisch überfrachtet, ob der Umbau des Rüstungswesens die Ausstattung der Bundeswehr verbessert, ist vollkommen offen. Dennoch hat sie viel Vernünftiges bewirkt, nicht zuletzt im Frauenbild von Fernsehmoderatoren. Ob sie eine gute Mutter oder eine gute Ministerin sein wolle, diese Frage würde heute niemand mehr stellen. Dass von der Leyen bei allem, was sie tut, immer nur an von der Leyen denkt, greift zu kurz.

Sie hält aber die Reihenfolge nicht ein, sie macht die dritte zur zweiten Frage. Was, wie, mit wem? Sie interessiert sich zunächst dafür, wie sie ein Anliegen kommunizieren kann – und dann erst für die Chancen, Mehrheiten dafür zu bekommen. Das ist systembedingt: Der öffentliche Auftritt ist der Fremden in der eigenen Partei wichtiger als die Absprache hinter verschlossener Tür. Dabei fällt auf, dass sie sich im Lauf der Jahre immer weniger darum schert, ob es gesellschaftliche Mehrheiten für ihre Vorhaben bereits gibt oder nicht. Bei der Kinderbetreuung und beim Elterngeld musste die Familienministerin nur aktivieren, was schon da war. Bei der Frauenquote war es für die Arbeitsministerin schon komplizierter. Und mit ihrem Plädoyer für mehr deutsches Engagement steht die Verteidigungsministerin vor einem echten Dilemma: Die gesellschaftliche Mehrheit, die sie aktivieren will, gibt es nicht nur gar nicht – es fehlen auch die Indizien, dass sich in absehbarer Zeit eine entwickeln könnte. Was lässt sich prima verkaufen? Diese Frage dominiert von der Leyen mit zunehmender Erfahrung immer weniger.

Dem systembedingten Zwang zur Präsenz steht der persönliche Drang in die Öffentlichkeit gegenüber – und von der Leyens Neigung, dem Affen dabei ein bisschen zu viel Zucker zu

geben: die Zwergziegen, die Hausmusik, Berggruen, der bedeu-
tungsschwere Blick ins Morgen, Clooney, Jackman, Po-Klatscher,
Wetten dass..?, *Brigitte* und *Tina* am Horn von Afrika – ein bisschen viel Gedöns für nur eine Ministerin. Es ist also keine Frage
des Entweder-oder: Ob sie nun legitime Inszenierung betreibt
oder PR in eigener Sache, in der politischen Figur Ursula von
der Leyen fällt beides zusammen. Die Inszenierung und das Ei-
gen-Marketing haben sich im Laufe der Jahre so eng miteinander
verwoben, dass sie heute kaum mehr voneinander zu trennen
sind. Nach einem Dutzend Jahren als Ministerin stehen unterm
Strich zwei Dinge: die politische Bilanz in Form von Gesetzen
und mentalen Veränderungen in Partei und Gesellschaft – und
die Diagnose Geltungsdrang.

Die Diagnose Geltungsdrang stößt sich nicht nur an der Pub-
likumssehnsucht nach Verlässlichkeit. Sie bietet auch reichlich
Stoff für einen publizistischen Trend, den der Medienwissenschaftler Pörksen als »Charaktertest-Journalismus« bezeichnet.
Er versteht darunter ein Genre der gezielten Personenkritik, die
»die Matrix zur Bewertung des Politischen zugunsten des Persönlichen und Moralischen hinter sich gelassen hat und auf die
pseudo-investigative Ausleuchtung des inneren Menschen zielt«.
Möglichst missgünstig interpretierte Details würden von den
Charaktertest-Journalisten gern zum schwerwiegenden Persön-
lichkeitsdefizit umgedeutet. Als Beispiele hierfür nennt Pörksen
die breite mediale Präsentation Rainer Brüderles als schmieri-
gen alten Mann im vergangenen Bundestagswahlkampf sowie
die Charakter-Hinrichtung des Kanzlerkandidaten Peer Steinbrück als geldgierigen Narziss, der sich und seine Emotionen
nicht im Griff hat. Unter den aktiven Politikern sind vor allem
zwei für Charaktertest-Journalisten besonders reizvoll: Sigmar
Gabriel und Ursula von der Leyen.

Die Verteidigungsministerin hat ihre Medienarbeit gedros-
selt. In Unterhaltungsshows geht sie nicht mehr. Sie besucht

auch nicht mehr den Bundespresseball, posiert nicht mehr auf roten Teppichen und mischt sich auch nicht mehr in Themen ein, die ihr Ressort nichts angehen. All das hat sie früher getan, es hat ihr Spaß gemacht – nun lässt sie es sein. Weil rote Teppiche nicht zum Abschlachten in Syrien und Nordirak passen, weil die Ukraine-Krise keine Samstagabend-Unterhaltung ist, weil die Bilder von Ebola-Toten sich nicht gut machen neben Bildern einer tanzenden Ministerin. Glamour ist nicht krisentauglich und nach Guttenberg auch nicht mehr angesagt. Solange die Bundeswehr in Großkrisen involviert ist, darf die Verteidigungsministerin nur Verteidigungsministerin sein. Sie lässt die Promi-Termine sausen und trägt nun neue Ernsthaftigkeit zum festen Schuhwerk.

Bei einem Besuch bei der Elitetruppe KSK im baden-württembergischen Calw sprang sie mit dem Fallschirm aus einem Hubschrauber. Von dem Tandem-Sprung wurde kein Bild veröffentlicht, undenkbar noch wenige Wochen zuvor. Aber andererseits: Dass sie gesprungen ist, liest man trotzdem in der Zeitung, Menschen aus ihrem Umfeld erzählen es einem auch. Und so stellt sich automatisch die Frage: Ist die Einschränkung der Inszenierung nicht selbst wieder eine Inszenierung?

Ursula von der Leyen ist zu Beginn des Jahres 2015 nicht nur eine Insassin in den mentalen Gefängnissen ihrer Betrachter. Sie ist auch eine Gefangene des eigenen Systems.

4 VERTRAUTE

»Ich brauche Menschen um mich herum,
die nicht wie das Kaninchen
auf die Schlange starren,
wenn es gerade richtig brummt.«

Ursula von der Leyen

Antigone ist jene Tragödie des Sophokles, in der so unerbittlich gestorben wird, wie man nur in griechischen Klassikern oder schlechten Melodramen stirbt: Zuerst nimmt sich die Titelheldin das Leben, dann ihr Verlobter und schließlich dessen Mutter. Und das alles nur, weil Antigone, die Unerbittliche, trotz Verbotes ihren toten Bruder beerdigen musste – und koste es das eigene Leben. Von Antigone und der Hybris der Unbedingtheit sollte man gehört haben, wenn man Katrin Suder trifft – die Frau, an der jetzt das Schicksal von Ursula von der Leyen hängt.

Antigone

Suder hat die Antigone immer gern gespielt. Damals, in den Neunzigern, als sie an der Technischen Hochschule Aachen, einem musenfernen Ort, zunächst das Ensemble »Poetischer Anfall« gründete, dann einen Theatersaal einrichtete und schließlich bei den Inszenierungen nicht nur die Regie übernahm, sondern oft auch die weibliche Hauptrolle. Als Physikstudentin. Antigone war ihre Lieblingsfigur. Warum? Suder, 43, eine schlanke Frau mit langen, glatten Haaren und Brille, schaut kurz hinüber zu den Wandleuchten, die ihr nicht gefallen, die noch raus sollen aus ihrem Büro im Bendlerblock, und sagt dann: »Wegen ihrer Kompromisslosigkeit.«

Aha, Kompromisslosigkeit, denkt man da. Passt ja prima. Suder hat 14 Jahre lang als Unternehmensberaterin gearbeitet, eine steile Karriere hingelegt, ist aufgestiegen zur ersten Direktorin in der Geschichte von McKinsey in Deutschland. So jemand muss kompromisslos sein: Kosten drücken, Bilanzen optimieren, Leute rausschmeißen, Wandleuchten hinterher, eine Antigone der Kostensenkung. Doch dann sagt Suder einen Satz, der den Gedankengang jäh einstürzen lässt:»Ich wollte fühlen, was ich nicht bin.«

Heute muss sie damit klarkommen, was sie ist. Seit dem 1. August 2014 ist Suder Staatssekretärin im Verteidigungsministerium, zuständig für Rüstungswesen und Bundeswehrreform und damit eine zentrale Größe im engsten Umfeld von Ursula von der Leyen. Doch das ist nur die Maske. Dahinter verbirgt sich Bedeutsameres: Suder verkörpert eine Schlüsselfigur in der Merkel'schen Nachfolgedebatte. Ihr fällt die Aufgabe zu, das Rüstungs-Chaos bei der Bundeswehr in den Griff zu bekommen. Sie muss dafür sorgen, dass neue Flugzeuge in Zukunft nicht weiterhin dreimal so viel kosten wie vereinbart, aber nur halb so viel können wie geplant – und dass nicht mehr ganz Deutschland über die Bundeswehr lacht, wenn ihre Hubschrauber nicht abheben, ihre U-Boote nicht tauchen, ihre Sturmgewehre nicht treffen. Suder muss erfolgreich sein, damit von der Leyen Kanzlerin werden kann. Wenn sie es nicht ist, scheitern beide. Ein guter Schuss Kompromisslosigkeit, ein guter Schuss Antigone könnte da nicht schaden.

Wenn von der Leyen jemanden einstellt, fragt sie erst mal ihren Bauch. Egal, ob es um einen Babysitter geht oder um eine Staatssekretärin, es gilt die gleiche Regel:»Das erste Empfinden muss immer positiv sein, sonst wird nichts draus.« Von der Leyen traf Suder zum ersten Mal 2010, als sie, die Arbeitsministerin, von McKinsey Studien zum Fachkräftemangel und zur Bildungskarte ausarbeiten ließ. Ihr Bauch war sehr angetan, der Verstand zog rasch nach. Die beiden Frauen erkannten, dass sie ähnlich ticken, wenn Probleme auftauchen: nach vorn denken,

Lösungen suchen, weitermarschieren, nicht wie die Kaninchen auf die Schlange starren. Die Krisenreaktionskraft funktioniert parallel, das Alltagstempo auch. Werfe man von der Leyen einen Knochen hin, meint Suder, nage sie den ratzfatz ab:»Rrrttrrrttrrrtrrrttrrrtt – ich bin genauso.« Ein guter Schuss von der Leyen ist jedenfalls da.

In Suders Biografie ist von ziemlich vielem was da. Die gebürtige Mainzerin, einst Basketballgröße ihrer Heimatstadt, hat als promovierte Physikerin mit Bachelor-Abschluss in Sprachwissenschaften in einer Herzbranche des Kapitalismus, der Unternehmensberatung, viel Geld verdient und dabei das LGBT Diversity Management propagiert, den aufgeschlossenen Umgang mit sexueller Orientierung, sei es *lesbian, gay, bisexual, transgender* (lesbisch, schwul, bi- oder transsexuell). Suder ist selbst lesbisch, hat zwei kleine Kinder, die sie mit einem Lastenrad-Modell, das einst in der dänischen Kiffer-Hochburg Christiania entwickelt wurde, durch den Berliner Alternativkiez Kreuzberg kutschiert – und ist im Job zuständig für deutsche Panzer, deutsche Kampfjets, deutsche Zerstörer. Vielleicht ist es ja kein Zufall, dass sie phänotypisch ein wenig an die Super Nanny von RTL erinnert, eine Frau, die auch immer alles kann. Nach Auffassung all jener Militärs, die – es sind nicht wenige – mit dänischen Lastenrädern, promovierten Physikerinnen und ungedienten Lebensformen in Spitzenpositionen des Verteidigungsressorts nicht viel anfangen können, ist Suder aber vor allem eins: eine Provokation. Und genau das ist gewollt. Nicht von ihr, aber von ihrer Chefin.

Suder wurde nicht nur dessentwegen ausgewählt, was sie kann, sondern auch für das, was sie jetzt ist: eine selbstbewusste Frau in einer Männerdomäne. Die Personalie Suder sendet klare Botschaften ins Verteidigungsministerium hinein wie auch an die Öffentlichkeit: Ich, Ursula von der Leyen, greife durch, heißt die erste. Nicht die Tradition zählt, sondern die Effizienz, die zweite. Und die dritte: Wir sind jetzt modern, die Bundeswehr und das Ministerium, das die Truppe lenkt – die Ministerin war es schon vorher.

Es gibt aber noch einen zweiten Grund für die Berufung Suders. Beim großen Umrüsten kann die Physikerin in der Staatssekretärin zwar durchaus behilflich sein. Auseinandernehmen, analysieren, neu zusammensetzen – Physiker können so etwas. Und auch die Schauspielerin ist gefragt, agiert Suder doch jetzt auf der Bühne der Politik. Wenn man sich mit ihr unterhält, dann ist es aber die Unternehmensberaterin, die immer wieder aus ihr herausbricht: Sie benötigt dann keine drei Sätze, um »Rüstungsindustrie 4.0«, »Ebit-Effekte«, »spec freeze« und »early warnings« unterzubringen. Um das Rüstungswesen vom Kopf auf die Füße zu stellen, braucht man keine Physiker und keine Schauspieler, aber auch keine Sicherheitspolitiker und keine Militärs. Man braucht eine moderne Change-Managerin. Jemanden, der sich schnell einen Überblick über komplizierte Strukturen, verwirrende Zahlen und undurchsichtige Abläufe verschaffen kann – und dann tut, was getan werden muss. Aber nicht Antigone-like, nicht kompromisslos.

Suder, die ungenormte Frau, verlinkt sich mit der durchgenormten Männerwelt, in der sie nun arbeitet: Kameradschaft, Respekt, Demut – damit könne sie sehr viel anfangen, sagt sie, sie sei selbst stark werteorientiert, habe keine Probleme damit, sich »in den Dienst zu stellen«. Vorbehalte, Ablehnung gar wegen ihrer sexuellen Orientierung, seien ihr bisher nicht begegnet, weder im Ministerium noch bei der Truppe. Von der Leyens Offerte, Staatssekretärin zu werden, nahm sie an, »weil nicht irgendwer« gefragt habe und weil sie das Angebot »als Ehre« empfand. »Die Chance, etwas von dieser Bedeutung mitzugestalten, kommt nur einmal im Leben.« Dass sie für diese Chance auf viel Geld verzichtet, erwähnt sie nicht. Die Change-Managerin Suder begegnet dem Betrieb Bundeswehr im Demutsgewand des Dienens.

Von der Leyen und Suder wissen, dass sie allein gegen den Apparat keine Chance haben. Dass es schon viele große Reformankündigungen im Rüstungsbereich gab – und die Trägheit des Systems stets siegte. Diese Trägheit bekämpfen die Ministerin und ihre Vertraute nun strategisch: Von der Leyen hat den Apparat mit der Provokation Suder aufgeschreckt – und nun muss ihn die kompromissfähige Veränderungsgestalterin Suder mitnehmen. Eine sture Durchsetzerin hätte keine Chance.

»Nothing in life is to be feared, it is only to be understood« – dieser Sinnspruch von Marie Curie, Physikerin und Nobelpreisträgerin, hing über Suders Schreibtisch im alten Büro, dem bei McKinsey mit dem schicken Blick auf den Kurfürstendamm. Im neuen ist er nirgends zu sehen, Suder überlegt noch, was sie mit dem »Man muss nichts im Leben fürchten, nur verstehen«, nun anfangen soll. Vielleicht gibt es in ihrem neuen Job, in ihrem neuen Leben, doch was zu fürchten.

In der Tragödie, die ihren Namen trägt, ist nicht Antigone die zentrale Figur, sondern Kreon, der Herrscher, Antigones Chef, wenn man so will. Kreon verkennt das Maß seines Amtes, er überzieht – und scheitert. Antigone ist lediglich der Kristallisationspunkt, an dem sich dieses Scheitern offenbart. Wenn von der Leyen sich als Kreon entpuppt, ist Suder ihre Antigone.

Im Schutzraum

Spitzenpolitiker müssen Entscheidungen nicht allein treffen, aber sie tragen allein die Verantwortung. Der Druck, der daraus entsteht, wiegt bei einem Verkehrswege-Ergänzungsgesetz nicht sonderlich schwer, bei Maßnahmen im Kampf gegen die Weltfinanz- oder Eurokrise schon deutlich mehr. Und bei Fragen von Eingreifen oder Raushalten, von Schießen oder Zuschauen, von Krieg oder Frieden verdichtet er sich zur seelischen Tonnenlast. Um damit umgehen zu können, brauchen Spitzenpolitiker einen geschützten Raum, in dem sie ungeschützt reden können. Einen Raum, in dem sie unverstellt Ideen testen, Strategien entwickeln, Zweifel äußern, Kritik einfordern und über andere lästern dürfen, ohne fürchten zu müssen, dass es gleich nach außen dringt. Dieser Raum ist kein Ort, es ist ein Personen- und Beziehungsgeflecht aus Vertrauten. Je ernster die Lage, je folgenreicher die Entscheidung, desto enger wird der Kreis – bis am Ende nur eine Person übrig bleibt, mit der man alles bespricht. Ohne Vertraute läuft nichts in der Politik. Und funktioniert auch nichts.

Den Schutzraum bilden maximal vier, fünf Personen, das ist bei Ursula von der Leyen nicht anders als bei Angela Merkel, je größer die Zahl, desto geringer der Schutz. Sie sind der harte Kern, eine Truppe, die zusammenhält und oft auch zusammengluckt. Diese engsten Vertrauten müssen absolut loyal sein und dürfen keine eigene Agenda verfolgen, nur so kann das System funktionieren. Sie versammeln sich hinter dem Chef, identifizieren sich mit ihm und haben dermaßen verinnerlicht mitzudenken, ihn vorzubereiten, Schaden von ihm abzuwenden, dass er mit einem Gefühl der Sicherheit in der Öffentlichkeit agieren kann. Der Leitspruch, aus dem diese Personen ihre Motivation beziehen, lautet: Dein Erfolg ist unser Erfolg. Enge Vertraute sind Machtschattengewächse.

Neben diesen persönlichen Vertrauten schwirren aber noch andere Personen um einen Spitzenpolitiker herum, weiter entfernt, in größeren Umlaufbahnen. Da wären zunächst einmal die Fachleute aus dem jeweiligen Haus, sei es eine Parteizentrale, ein Ministerium oder das Kanzleramt. Jeder Spitzenpolitiker bindet einige dieser Fachleute in seinen Vertrautenkreis ein. Zum einen, weil er auf die Kompetenz und die Kreativität aller Mitarbeiter und aller Abteilungen angewiesen ist, damit er konkrete Projekte entwickeln und umsetzen kann. Und zum anderen, weil er verhindern muss, dass der Apparat ihn ausbremst. Keine Macht im Berliner Politikbetrieb wird so häufig übersehen und unterschätzt wie die Ministerialbürokratie. Die Beamten dort können ihre Chefs falsch oder unvollständig informieren, sie mit Vorlagen zuschütten, die Presse und die Opposition mit pikanten Nachrichten versorgen – oder ihre eigenen politischen Ziele verfolgen. Minister, denen es gelingt, jene Fachkräfte aus dem Haus eng einzubeziehen, die im Haus hohes Ansehen genießen, haben es leichter.

Von der Leyen hat dies am Start ihrer Karriere als Bundespolitikerin schnell verstanden – und sich Malte Ristau geschnappt, einen Abteilungsleiter im Familienministerium. Mit SPD-Parteibuch. Ristau und seine Mitarbeiter lieferten Anstöße und Vorlagen für jene Projekte, die den Ruf von der Leyens als CDU-Modernisiererin begründeten: den Kita-Ausbau und das Elterngeld. Doch damit nicht genug: Ristau kam auch auf die Idee, das Ministerium enger mit Unternehmen und Verbänden wie der Deutschen Industrie- und Handelskammer (DIHK) zu verknüpfen, und sensibilisierte seine Chefin dafür, intensiv mit Meinungsforschern zusammenzuarbeiten. Seitdem tauschen sich von der Leyen und Renate Köcher vom Institut für Demoskopie in Allensbach regelmäßig aus. Der SPD-Mann lieferte der CDU-Frau die Inhalte und machte sie strategisch fit.

Als von der Leyen ins Arbeitsministerium wechselte, war aus dem Fach-Vertrauten längst ein persönlicher Vertrauter geworden – sie nahm ihn mit. Das kam gleich an drei Adressen nicht gut an. Im Familienministerium hieß es, für die junge Nachfolgerin Kristina Schröder sei es eine Zumutung, wenn einer der Besten im Haus abgezogen werde. Der neue Koalitionspartner, die FDP, moserte über den Sozi auf einem strategisch wichtigen Posten in einer schwarz-gelben Regierung. Und die SPD war natürlich auch sauer, dass ihr Mann so an der Frau hing, die ihr die Stimmen wegnahm.

Es gibt noch eine dritte Personengruppe, die Spitzenpolitiker gern in ihren Kreis der Vertrauten aufnehmen: Widersacher. Als Angela Merkel 2005 Kanzlerin wurde, war sie vielen westdeutschen CDU-Männern immer noch suspekt, nicht wenige sahen in ihr eine Regierungschefin auf Abruf. Sie kannte diese Vorbehalte – und machte Volker Kauder zum Vorsitzenden der CDU/CSU-Fraktion im Bundestag. In Kauders Landesverband Baden-Württemberg war das Grummeln über Merkel zuvor besonders intensiv gewesen, Kauder selbst hatte auch gegrummelt. Mit seinem Aufstieg in den inneren Zirkel der Macht verstummte der Verband – und Kauder sowieso. Die Strategie, Widersacher lieber einzubinden als zu bekämpfen, verfolgte einst auch US-Präsident Lyndon B. Johnson: »It's probably better having him inside the tent pissing out than outside the tent pissing in.« Es sei wohl besser, jemanden im Zelt zu haben, der rauspinkele, als einen draußen, der reinpinkele. Von der Leyen würde das so nie sagen. Aber nach dem Prinzip handelt auch sie.

Bei ihrem Wechsel vom Arbeits- ins Verteidigungsressort hätte sie am liebsten Philipp Mißfelder zu ihrem Staatssekretär gemacht. Der konservative Ex-Chef der Jungen Union hatte sie in der Vergangenheit oft hart kritisiert und ihr Rentenkonzept in vielen Wortmeldungen öffentlich zerrissen. Als gelernten Außenpolitiker hätte sie ihn organisch ins Verteidigungsressort einbinden und ihn damit mundtot machen können. Mit Mißfelder im Rücken wäre sie auch noch ein bisschen selbstbewusster über die Grenze zwischen Außen- und Sicherheitspolitik hinwegmarschiert, als sie es nun ohnehin macht. Doch Mißfelder ließ sich nicht in den Vertrautenkreis locken. Weil er dort hätte leisten müssen, wozu man als ehrgeiziger Jungpolitiker und gewiefter Strippenzieher kaum in der Lage ist: eigene Ambitionen hintanstellen.

Nach Mißfelders Absage nahm sie einfach ihren Parlamentarischen Staatssekretär Ralf Brauksiepe mit. Nicht, weil Brauksiepe viel von Sicherheitspolitik verstünde – versteht er nicht. Oder ein besonders enger Vertrauter wäre – ist er nicht. Brauksiepe ist aber Landesvorsitzender der Christlich-Demokratischen Arbeitnehmerschaft (CDA) in Nordrhein-Westfalen. Das hat für von der Leyen gleich zwei Vorteile: Brauksiepe sichert ihr zum einen weiterhin die Unterstützung der Sozialpolitiker in der CDU, jener Gruppe also, die sich auf Parteitagen noch am ehesten hinter ihr versammelt. Und zum anderen ist er ihr Verbindungsmann zum mächtigen Landesverband NRW. Mit ihren Vorstößen und Solo-Auftritten hat sich von der Leyen manche Gegner und viele Neider verschafft. Da kann es nicht schaden, wenn jemand aus dem größten Landesverband im Zelt steht – und nicht draußen. Aus der Typologie der Vertrauten ragt eine Figur heraus. Spitzenpolitiker treffen auf ihrem Weg nach oben irgendwo und irgendwann auf jemanden, der zu ihnen kommt – und dann bleibt: ihren Schattenmann. Schattenmänner – es gibt auch Schattenfrauen – wechseln mit auf andere Posten, in andere Ämter, sie klettern mit nach oben und verwachsen mit den Jahren oft symbiotisch mit ihren Chefs, den Rampenlichtgestalten. Die Öffentlichkeit kennt diese stillen Begleiter kaum, ihr Einfluss aber ist immens: Sie sind wichtigster Organisator und zentraler Ideengeber, erster Sparringspartner und offenster Kritiker. Wenn sich alle Türen hinter einem Spitzenpolitiker schließen, bleibt der Schattenmann an seiner Seite. Die Schattenfrau von Angela Merkel heißt Beate Baumann, der Schattenmann von Frank-Walter Steinmeier Stephan Steinlein, der von Sigmar Gabriel Rainer Sontowski – und der Schattenmann von Ursula von der Leyen heißt Gerd Hoofe.

Der Schattenmann

Als Gerd Hoofe an einem eisig kalten Februartag 2003 Ursula von der Leyen zum ersten Mal sieht, ist er überrascht. Er weiß zwar, wie sie aussieht, er hat am Tag zuvor ein Bild von ihr gegoogelt. Doch als sie nun vor ihn tritt, findet er sie irritierend: die Hochsteckfrisur, der zu lange Mantel, die zierliche Person. Hoofe, er wird in wenigen Tagen 48 Jahre alt, hat sich die künftige niedersächsische Ministerin für Soziales, Frauen, Familie und Gesundheit, die Tochter von Ernst Albrecht, doch etwas anders vorgestellt, ohne genau zu wissen, wie. Irgendwie robuster. Und ohne dieses Hochgesteckte. Folgte Hoofe von der Leyens Leitspruch, wonach der erste Eindruck immer positiv sein müsse, sonst komme man nie zusammen – er wäre wohl wieder gegangen.

Von der Leyen hat noch einen Begleiter von der CDU mitgebracht, zu dritt gehen sie ins Café am Kröpcke im Zentrum von Hannover und reden. Das heißt: Hoofe redet. Von der Leyen schweigt, und der Begleiter von der CDU schaut ihr dabei zu. Hoofe redet über kommunale Arbeitsmarktpolitik, über Verwaltungsmodernisierung, über ehrenamtliches Engagement. Damit kennt er sich aus. Hoofe ist erster Kreisrat von Osnabrück, ein leitender Beamter, Stellvertreter des Landrats und Jurist. Er findet, dass er viel zu viel redet. Weil von der Leyen aber immer noch schweigt, redet er einfach weiter. Hoofe fällt auf, dass die Ministerin in spe konzentriert, intensiv zuhört, so intensiv, als speichere sie alles ab, Wort für Wort. Das gefällt ihm.

Hoofe wundert sich, warum von der Leyen ausgerechnet auf ihn gekommen ist. Er kennt zwar ihren Vater und weiß, dass dieser ihn schätzt. Aber er, Hoofe, ist als Kommunalhansel kein politisches Schwergewicht, hat keine Erfahrung in der Landespolitik, ist noch nicht einmal ein Christdemokrat nach dem Geschmack der CDU. Als junger Mann hat er für Willy Brandt getrommelt, war in seiner Göttinger Studienzeit vieles, aber nie konservativ, der RCDS war ihm egal. Und ausgerechnet er soll künftig einer CDU-Ministerin ohne Erfahrung den Laden schmeißen? Endlich sagt von der Leyen mal was: »Ich melde mich.« Und dann ist sie weg.

Einen Monat später, am 4. März 2003, sitzt Hoofe auf der Besu-
chertribüne des Niedersächsischen Landtags und schaut zu, wie
Ursula von der Leyen ihren Amtseid ablegt. Für beide ist es der
erste Arbeitstag, für von der Leyen als Ministerin, für Hoofe als
ihr Staatssekretär. Von der Leyen hat es nicht interessiert, dass
Hoofe kein politisches Schwergewicht ist, nie Mitglied der Jungen Union war, sie war es ja auch nicht. Ob CDU oder nicht – bei
der Auswahl ihrer Vertrauten spielt das keine Rolle. Seit ihrem
ersten gemeinsamen Arbeitstag sind sie unzertrennlich, die
Tochter eines Ministerpräsidenten und der Sohn eines Gärtner-
meisters. Ihr, der Chefin, wird das sehr nutzen. Ihm, dem Vertrauten, auch – aber er wird auch einen Preis zahlen.

Heute ist Hoofe immer noch Staatssekretär und von der Leyen
immer noch Ministerin, beide allerdings schon in ihrer vierten
Verwendung, wie man das bei der Bundeswehr nennt: Soziales,
Familie, Arbeit, Verteidigung. Hoofe legt Wert auf Beständigkeit:
»Ich bin seit fünfzig Jahren HSV-Fan – davon komme ich nicht
mehr los.« Mit von der Leyen geht es ihm ähnlich.

Hoofe ist nun 59 Jahre alt, immer noch gertenschlank, wür-
devoll ergraut, er trägt ein Brillenmodell auf der Nase, das nach
den Sechzigern aussieht und gerade sehr angesagt ist. Wenn
man sich im Verteidigungsministerium und unter Sicherheitspolitikern nach ihm erkundigt, sagen alle, Hoofe sei ein guter
Mann. Selbst solche, die von der Leyen nicht für die richtige
Frau halten. Er gilt im Ministerium als hervorragender Verwal-
tungsjurist mit großer Kenntnis in Haushaltsfragen. Wenn von
der Leyen Rat braucht, wie man bei Finanzminister Wolfgang
Schäuble noch ein paar Millionen Euro locker machen kann, fragt
sie ihren Schattenmann. Hoofes Radar, so heißt es im Haus, sei
stets auf eine Frage hin ausgerichtet: Kann das der Ministerin
gefährlich werden?

Hoofe ist verantwortlich für das Personal. In einem Ministerium, in dem das Personal und nicht die Gesetzgebung im Zen-

trum steht, hat das was zu sagen. Seine Aufgabe besteht darin, die Bundeswehr so faszinierend und begehrenswert zu machen, dass sie nicht Opfer des demografischen Wandels wird. Kluge, motivierte junge Männer und Frauen sollen hier ihre Zukunft sehen. Aus einem Bündel von vielen Maßnahmen und wenigen Gesetzen, die sich hinter dem Schlagwort »Attraktivitätsoffensive« verbergen, darf er nun moderne Arbeitsplätze formen. Über diese Aufgabe sagt Hoofe einen Satz, den im oft eitlen Politikbetrieb nur Schattenmänner sagen: »Umsetzen ist die Königsdisziplin in der Politik.«

Hoofe, der Umsetzer, hat umgesetzt, was seine Chefin berühmt gemacht hat: Elterngeld, Krippenausbau, Bildungspaket, Neuregelung der Hartz-IV-Sätze, Fachkräftekonzept – eigentlich alles bis auf die Rente; die lag in anderer Verantwortung. Umsetzen heißt genau planen, präzise arbeiten; es heißt schuften, machen, fleißig sein. Umsetzen heißt, sich um Details kümmern, für die Chefs keine Zeit haben und viele auch keine Lust. Vor allem aber heißt es: Die Ministerpräsidententochter macht die Ansagen – und der Gärtnermeistersohn ackert im Beet.

Unter den gängigen Schattenmann-Modellen »Wiedergänger« und »Gegenentwurf« vertritt Hoofe Letzteres: Er ist zurückhaltend, leise, jemand, der nicht dauernd durch die Gegend flitzt und nachschaut, ob die Truppe noch schnell einen neuen Flachbildschirm braucht, Mali noch ein paar Transportflüge und das ZDF noch einen kurzen Aufsager für das *heute journal*. Hoofe verkörpert den Idealtyp des grundsoliden Wegschaffers, der sich morgens seine Butterbrote schmiert, weil er mittags keine Zeit in der Kantine verplempern will – das macht er wirklich. Der Mann, so denkt man, ist eigentlich der ideale Uschi-Bremser. Jemand, der eine stets nach vorn drängende Chefin auch mal festhält. Falsch gedacht. Dynamik betrachtet Hoofe nicht nur als eine persönliche Stärke von der Leyens, sondern auch als prinzipielle politische Kraft. »Dynamik zu bremsen ist der falsche Ansatz«, meint er. Man müsse sie aufnehmen, sich auf Vorwärtsdrang und Geschwindigkeit einlassen – und dann versuchen, sie zu steuern. Durch Gespräche, durch Argumente, durch Wissen. Chefs, dieser Maxime folgen viele Schattenmänner, darf man nicht einhegen, sonst verlieren sie das, was sie nach oben gebracht hat. Man muss sie vielmehr lesen und lenken können. Schattenmänner sind auch Steuermänner.

Aus dem Ansatz der steuerbaren Dynamik hat von der Leyen ein System gemacht. Wer es in den Kreis der Vertrauten geschafft hat, darf nur bleiben, wenn er schnell denkt und schnell lernt, wer sich als belastbar erweist. Das Wichtigste: In Krisensituationen müssen ihre Vertrauten fähig sein, »unter Druck in der Gruppe nach vorn zu denken, Lösungen zu suchen«, wie sie das nennt. Hoofe nennt es »sich schlau quatschen«. Reden ohne Denkverbote, offen und in alle Richtungen, keine Schranken, keine Tabus. Von der Leyen gibt öffentlich gern die Solistin, intern setzt sie stark auf Mannschaftsspiel. Eine Regel gilt dabei immer: Nicht rumjammern, nicht stehen bleiben. Weitermarschieren, nach vorn. So war es in Hannover, so war es im Familien-, dann im Arbeitsministerium. Im Verteidigungsressort stößt das System an seine Grenzen.

Als im späten Frühling 2014 der mediale Druck auf von der Leyen wächst, sich in der seit Jahren strittigen Frage festzulegen, ob sich die Bundeswehr Kampfdrohnen zulegen solle oder nicht, ruft sie eine Schlauquatsch-Runde zusammen. Die engsten Vertrauten kommen und eine Handvoll Drohnen-Experten aus dem Ministerium noch dazu. Von der Leyen fordert die Militärs auf, Argumente zu nennen, am besten alle, die gegen Kampfdrohnen sprechen. Doch statt der Argumente bekommt sie nur zu hören, dass alle Einwände und Vorbehalte Unsinn seien, nicht stichhaltig, überzogen – und dann listen die Soldaten alles auf, was für Kampfdrohnen spricht, vom besseren Schutz für Soldaten im Einsatz bis zum zielgenauen Angriff. Ein zweiter und ein dritter Anlauf verlaufen wie der erste. Die Militärs können sich nicht darauf einlassen, ihre vorgefertigte Meinung aus dem Kopf zu bannen und in den Freiraum Unbequemes zu schieben. Von der Leyen bricht das Quatschen ab, weil niemand schlauer wird. Kampfdrohnen will sie trotzdem anschaffen.

Hoofe ist froh, dass sie beide, die Ministerin und er, im Verteidigungsressort gelandet sind, das Außenamt wäre ihm noch fremder gewesen. Über die letzen Tage im Arbeitsministerium sagt er noch so einen klassischen Schattenmannsatz wie den über die Königsdisziplin Umsetzen, er sagt: »Wir wussten, dass wir uns verändern, wir wussten aber nicht, wohin.«

Wir. Das »Wir« Hoofes und von der Leyens hat schon früh begonnen, damals im niedersächsischen Sozialministerium, als die Zwillingstöchter der Ministerin nach der Schule vorbeischauten und im Zimmer des Staatssekretärs ihre Spaghetti verdrückten. Und es wurde früh auf die Probe gestellt. Als von der Leyen nach Berlin wechselte, wollte Merkel ihrer neuen Familienministerin einen erfahrenen Staatssekretär an die Seite stellen. Wenn die Kanzlerin wolle, dass sie eine gute Ministerin werde, dann brauche sie Herrn Hoofe, entgegnete von der Leyen, mehrfach und sehr entschlossen. Merkel war stinksauer, gab aber nach. Vier Jahre später war sie erneut sinksauer – und gab wieder nach. Dieses Mal, bei von der Leyens Wechsel ins Arbeitsressort, hätte die Kanzlerin ihr gern den früheren saarländischen Justiz- und Arbeitsminister Josef Hecken an die Seite gestellt, doch von der Leyen meinte nur: Nicht ohne meinen Hoofe. Weitere vier Jahre später hat es Merkel dann gar nicht erst versucht.

Aus dem »Wir« ist nie ein »Du« geworden, von der Leyen und Hoofe siezen sich bis heute. Die Ministerin hält zu allen Mitarbeitern professionelle Distanz, selbst zu ihrem engsten. Dienst ist Dienst und Apfelschorle ist Apfelschorle, Schnaps trinkt sie ja nicht. Hoofe ist verheiratet und hat zwei Kinder. Die Familien haben in mehr als zwölf Jahren Zusammenarbeit nie etwas gemeinsam unternommen.

Der Schattenmann beginnt nicht als Schattenmann, er entwickelt sich dazu. Mit jedem Jahr, in dem sich Gerd Hoofe ein
bisschen mehr in den Schatten von Ursula von der Leyen verwandelt hat, musste er ein Stück Selbstständigkeit aufgeben. Längst
wird er komplett mit ihr identifiziert, die Abhängigkeit ist total,
sein Ich hinter dem Wir verschwunden. Wenn von der Leyen,
was sie nicht selten macht, »mein Hoofe« sagt, hat sie viel mehr
Recht, als ihm lieb sein kann. Das ist der Preis, den Schattenmänner zahlen müssen.

Im Lachs

Der Tag der Ministerin beginnt im Ministerium. Gleich neben
ihrem Büro hat sich von der Leyen ein kleines Privatzimmer
eingerichtet, in dem sie die Woche über schläft, auf 7,4 Quadratmetern. So hält sie es seit 2005, als sie nach Berlin kam und
die Familie in Hannover blieb. Quadratisch, praktisch, günstig
wohnte sie auch schon im Familien- und im Arbeitsministerium.
Ihr Frühstück besteht aus einem Latte macchiato und einem
Croissant. Ihren Latte zieht sie sich an der Kaffeemaschine gegenüber von ihrem Büro selbst, das Croissant bringt eine Sekretärin mit. Nach dem Frühstück macht sie sich auf den Weg. Raus
aus dem Büro, vorbei an den Porträts ihrer 16 Vorgänger, gleich
rechts um die Ecke, dann ein paar schnelle Schritte geradeaus,
langsam kann sie nicht, rechts durch die Tür – und der Arbeitstag
kann beginnen: im Lachsraum. Oder wie es hier heißt: im Lachs.

Lachs heißt der Raum wegen der Stühle. Sitze und Rückenlehnen sind mit lachsfarbenem Veloursleder überzogen, Rudolf
Scharping hat sie in seiner Zeit als Verteidigungsminister ausgesucht, Farbe und Material erinnerten ein wenig an die Radfah-

rerhosen, die Scharping so gern trägt, lästern sie im Haus. Rund ein Dutzend Scharping-Stühle stehen um einen langen ovalen Tisch. Noch interessanter als ihre Farbe ist eine Gebrauchsanweisung: Man darf sie nicht benutzen.

Im Lachsraum versammelt sich an jedem Morgen in Sitzungswochen des Bundestags der Kreis der Vertrauten, enge wie nicht so enge, in sitzungsfreien Wochen kommt man dienstags und donnerstags zusammen. Von seinem Porträtfoto auf der Stirnseite des Raumes schaut Bundespräsident Joachim Gauck gauckgleich auf die morgendliche Vollversammlung des Von-der-Leyen-Teams herab. Und Gauck sieht, dass es gut ist.

Stellt man sich das Verhältnis von Politikern und ihren Vertrauten als Planetensystem vor, dann sind die Politiker die Sonne, und die Vertrauten schwirren in unterschiedlich nahen Kreisen und Ellipsen um sie herum. Im Sonnensystem von der Leyen sind die parlamentarischen Staatssekretäre Ralf Brauksiepe und Markus Grübel Neptun und Pluto, also weit weg. Sie markieren die Außengrenze.

Neben den beiden parlamentarischen erscheinen zur Morgenlage auch die beiden beamteten Staatssekretäre, Katrin Suder und Gerd Hoofe, alle vier erst seit dieser Legislaturperiode im Amt. Pressesprecher Jens Flosdorff, Generalinspekteur Volker Wieker – Deutschlands oberster Soldat – sowie die Leiter der Abteilungen »Strategie und Einsatz« und »Politik«, Generalleutnant Markus Kneip und Geza von Geyr, gehören zu den wichtigsten Impulsgebern in der Runde, die von der Leyens Büroleiter Oliver-Patrick Weiler, ihr Adjutant, Oberstleutnant Heico Hübner, und der Chef des Leitungsstabs, Andreas Conradi, komplettieren. Morgenlagen gab es im Bendlerblock nicht, von der Leyen hat sie erst eingeführt. Davor traf sich die Leitungsebene einmal in der Woche, die Themen waren abgestimmt und schön sauber aufgeschrieben. Jetzt ist alles anders.

Die Ministerin lässt ihre Leute im Lachs um den ovalen Tisch herum stehen, es ist also eine Stehkonferenz hinter Stühlen um einen Sitztisch. Jeder hat seinen Platz, Suder und Hoofe rahmen die Chefin ein. Es gibt weder Kaffee noch Häppchen, noch nicht einmal Wasser. Man soll es sich nicht gemütlich machen, nicht in Plauderlaune kommen. Stehen und nichts trinken ist effizienter als sitzen und futtern. Von der Leyen mag es nicht, wenn man Vertreter schickt, sie möchte, dass sich die Kernmannschaft, die sie in ihrem ersten Jahr zusammengestellt hat, besser kennenlernt. Nur wenn man sich gut kennt, redet man offen, nimmt man Kritik nicht direkt persönlich, davon ist sie überzeugt. Stellvertreter bedeuten weniger verschworene Gemeinschaft, weniger Vertrauen, weniger Effizienz. Stellvertreter sind fast so schlimm wie Hinsetzen.

Punkt neun Uhr geht's los, manchmal auch eine Stunde früher, je nachdem, was im Bundestag ansteht. Von der Leyen erwartet von ihren Vertrauten ständige Verfügbarkeit, insbesondere von den engeren. Flosdorff eröffnet mit der Presselage. Er geht nicht nur auf sicherheitspolitische Themen ein, die Zeitungen und Magazine bewegen, er schildert auch kurz die allgemeine Lage. Von der Leyen möchte, dass alle im Raum wissen, was in anderen Ressorts los ist. Im eigenen Beritt kann es um alles Mögliche gehen: Probleme bei der Ausrüstung, Standortfragen, neue Zahlen zu den freiwillig Wehrdienstleistenden, die Lage in Syrien, die Krise in der Ostukraine, Putin, besoffene Soldaten. Nach dem Presseüberblick sind die Baustellen bekannt. Von der Leyen fragt bei den Zuständigen nach, will Details wissen, Einschätzungen und Urteile hören. Sie erwartet kurze, knappe Antworten. Schaumschlägerei mag sie nicht, Selbstdarsteller noch weniger. Dauern die Antworten länger, bittet sie um mehr Präzision. Einer aus der Runde erzählt, wenn Hoofe die Stirn runzele, sei Prüfung angesagt, egal in welchem Bereich. Ein anderer meint, von der Leyen habe ein »feines Gespür« dafür, ob jemand die Dinge objektiv beschreibe und beurteile oder beschönige, um besser dazustehen. »Damit kommt hier niemand durch.« In der Runde werde zudem klar, wie sehr von der Leyen Hoofe schätze: »Er ist der Einzige, dem sie Ausschweifungen durchgehen lässt.« Nach Presselage und Rückfragen wird die Richtung gewechselt, »auf top-down folgt bottom-up«, wie es heißt, es geht nun von unten nach oben. Vor allem der Generalinspekteur, die beiden Abteilungsleiter, die Rüstungsfrau Suder und der Personalmann Hoofe sind dann gefragt. Sie tragen vor, was noch beachtet werden muss, was sich wo entwickelt, in der Truppe, in den Einsatzgebieten, in anderen Krisenregionen. Nach rund 45 Minuten ist Schluss.

Das morgendliche Sparring mit den Vertrauten hat neben dem Teambuilding sowie der hausinternen Krisenreaktion und -prävention noch eine pragmatische Funktion: Es macht die Ministerin sprechfähig nach außen. Die Morgenlage ist von der Leyens Gefechtsübungszentrum für die tägliche politische Schlacht.

Kasper Juul

Birgitte Nyborg, Vorsitzende der Moderaten Partei, steigt überraschend zur ersten Premierministerin von Dänemark auf und erlebt an der Spitze, wie die Macht die eigenen Ideale schleift, wie sie einen verändert. Ursula von der Leyen mag Birgitte Nyborg, die Hauptfigur der dänischen Fernsehserie *Borgen – Gefährliche Seilschaften*. Sie hat Aufstieg, Fall und Comeback der Figur intensiv verfolgt, über drei Staffeln hinweg, in insgesamt dreißig Folgen. Von zentraler Bedeutung für Nyborg ist Kasper Juul, ihr Pressesprecher, Spin-Doctor, Coach, Vertrauter und Ein-Mann-Abräum-Kommando, wenn etwas schief läuft. Fragt man von der Leyen danach, wie wichtig ihr Pressesprecher für sie ist, dann sagt sie: »Das ist wie bei *Borgen*.«

Kasper Juul spielt gern *hard ball*, und Jens Flosdorff ist das Spiel mit harten Bandagen auch nicht fremd. Schon gar nicht, wenn es darum geht, Schaden von seiner Chefin abzuwehren. Ende September 2014 droht ein veritabler Großschaden. Den muss er verhindern. Von der Leyen ist unterwegs zu einem Acht-Stunden-Kurzbesuch nach Erbil im nordirakischen Kurdengebiet, als die Zeitungen über einen Offenbarungseid berichten. Die Inspekteure von Heer, Luftwaffe und Marine mussten vor dem Verteidigungsausschuss des Bundestags einräumen, dass große Teile des militärischen Großgeräts nicht einsatzfähig sind. Von 43 Marinehubschraubern fliegen sieben, von vier U-Booten taucht eins. Doch damit nicht genug: Bei der Ausschusssitzung wurde deutlich, dass das Heer unter »einsatzfähig« etwas anderes versteht als die Luftwaffe und die Luftwaffe etwas anderes als die Marine. Chaos. Wie viel wovon tagesaktuell einsatzfähig war, wusste niemand. Noch mehr Chaos. Bei Flosdorff trifft bald darauf eine lange Liste mit Fragen ein, Absender: *Der Spiegel.* Tenor: Haben die Inspekteure die Lage nicht noch beschönigt? Und wusste von den geschönten Zahlen nicht auch die Ministerin? Wenn aus den Fragen Aussagen werden und sich dieser Tenor durchsetzt, schadet das von der Leyen, weiß Flosdorff. Er ist jetzt in einer schwierigen Lage. Pressesprecher wirken als Mittler zwischen den Anliegen der Medien und den Interessen der Politiker, doch neutral sind sie nicht. Im Zweifelsfall müssen sie zu 100 Prozent an der Seite ihrer Chefs stehen, das gehört zur Jobbeschreibung. Und daher ist nun Zeit für harte Bandagen.

Die Ministerin und ihr Pressesprecher reagieren noch auf dem Rückflug. Von der Leyen bestellt die Inspekteure ein, Flosdorff die *Bild am Sonntag.* Freitagmorgens landet ihre Maschine in Berlin, mittags kommen die drei Inspekteure ins Ministerium, abends die zwei *BamS*-Interviewer. »Wie Schrott ist die Bundeswehr, Frau Ministerin?«, lautet die Schlagzeile am Sonntagmorgen. Von der Leyen legt im Einzelnen dar, was alles besser werden soll – sehr zum Ärger des *Spiegel.* Noch bevor am Montag dessen Geschichte erscheint, liegt bereits die Reaktion darauf vor. Die Zeitungen zitieren nicht den *Spiegel*, sondern von der Leyen. Das Ein-Mann-Abräum-Kommando hat ganze Arbeit geleistet. Beim *Spiegel* ist man zwar sauer, doch der Ärger verfliegt. Auch das gehört mit zum Geschäft.

Flosdorff, der Vollprofi, hat einst in einem Team der Ahnungslosen angefangen. Von der Leyen war erst wenige Monate Sozialministerin in Hannover, als er im Frühsommer 2003 den Posten als Stellvertreter ihrer Pressesprecherin Iris Bethge antrat. Mit dem gebürtigen Saarländer und gelernten Journalisten war die Kerntruppe komplett: eine Ministerin, die noch nie Ministerin war, ein Staatssekretär, der noch nie Staatssekretär war, eine Pressesprecherin, die noch nie Pressesprecherin war, deren Stellvertreter, der noch nie Stellvertreter war. Aus den vier Neulingen von damals ist längst ein hocheffizientes, hochprofessionelles System geworden, das sich nach dem Ausscheiden von Bethge 2009 weiter spezifiziert hat: Von der Leyen ist die Frau, die Birgitte Nyborg werden will, Hoofe der Umsetzer, der die Steine aus dem Weg räumt, und Flosdorff der Taktiker, der sie auf den Platz der Regierungschefin coachen soll.

Zum Coachen in der Politik gehört das Wissen, wann der Chef welchem Medium was sagen soll, um eine möglichst optimale Wirkung zu erzielen. Flosdorff weiß das. Als im Januar 2011 klar wurde, dass die deutschen Unternehmen ihrer Selbstverpflichtung kaum nachgekommen waren, Frauen stärker in Führungspositionen zu berufen, arrangierte Flosdorff ein Interview im *manager magazin*. Von der Leyen drohte in diesem Zentralorgan der Männer-Wirtschaft mit einer gesetzlichen Frauenquote. Die Unternehmer kamen in Wallung – und die Arbeitsministerin spülte deren Empörungswelle in die *Tagesschau*. Ein gutes Jahr später wollte sich kaum jemand für ihr Modell einer Zuschussrente interessieren, bis Flosdorff die *Bild am Sonntag* anrief. Von der Leyen sagte dem Blatt mit den vielen Lesern, dass selbst große

Teile der Mittelschicht von Armut bedroht seien – schon schwappte eine neue Erregungswelle durchs Land, sie trug von der Leyen in die Schlagzeilen. Zweimal richtig platziert – und schon hatte sich die Arbeitsministerin von der CDU unter medialem Getöse zu einer Vorkämpferin für Frauenrechte emporgeschwungen, die sich auch noch um die bedrohte Mittelschicht kümmert.

Zum Coachen gehört natürlich auch eine ideale Vorbereitung. Von der Leyen hat zwar selbst ein Gespür für mediale Mechanismen und weiß selbst, dass man morgens im Deutschlandfunk oder im Morgenmagazin ein paar provokante Sätze sagen muss, über die sich tagsüber viele aufregen können, damit man abends im *heute journal* landet. Aber das alles will geplant und vorbereitet sein. Vor Talkshow-Auftritten etwa spricht Flosdorff mit der jeweiligen Redaktion, markiert einzelne Unterthemen, notiert sich mögliche Fragen – und geht das alles mit von der Leyen durch. Bei allen Sendungen ist er dann selbst mit dabei, egal wann, egal wo. Es gibt heute keine Talkshow und kein Interview, für die von der Leyen nicht schon vorher einen Ablaufplan im Kopf hätte.

Flosdorff ist es von seinen früheren Jobs an ihrer Seite gewohnt, Themen zu setzen, eins nach dem anderen: Jobcenter-Reform, Hartz-IV-Neuregelung, Bildungspaket, Fachkräfte, Rente. Jetzt produzieren 250 000 Soldaten und Zivilisten in der Bundeswehr sowie eine rasende Weltpolitik täglich Meldungen, zu denen er sich verhalten muss. Krisenmanagement hat das Agenda-Setting verdrängt. Die Krise ein wenig schöner zu reden, als sie ist, gehört zur Jobbeschreibung. Dumm ist es nur, wenn bei der Jagd nach Piraten am Horn von Afrika sämtliche Hubschrauber ausfallen und der Sprecher öffentlich verkündet, der Seefernaufklärer Typ Orion könne die Lücke gleichwertig schließen, aber der Marine-Inspekteur dann meint, wer das sage, habe keine Ahnung.

Flosdorff agiert lieber, als zu reagieren. Das Spiel gestalten, aktiv sein – das ist die eigentliche Grundphilosophie seines Coachings. Vielleicht ist es aber auch ihre, wer kann das nach zwölf

Jahren noch trennen? Mit von der Leyen betreut er jedenfalls eine Reizfigur, deren leicht aseptische Perfektionsaura Neider am Fließband erzeugt. Allein ihre Biografie empfinden viele Widersacher und viele Journalisten bereits als wandelnde Provokation. Für Flosdorff erhöht das nur die Lust an der Offensive. Wenn man schon auf die Welt nur reagieren kann, will man wenigstens mit seiner Chefin protzen. Sich zurückdrängen lassen, defensiver werden, kommt nicht infrage. Da ist Flosdorff ganz von der Leyen.

Flosdorff ist ein überzeugter Offensiv-Coach, der eine notorische Offensivspielerin zum mutigen Offensivspiel animiert. Wie heißt es doch im American Football so schön: Die Offensive gewinnt Spiele, die Defensive Meisterschaften. Aber Verteidigungspolitik ist ja kein American Football.

Nach zwölf Jahren Zusammenarbeit sind von der Leyen und Flosdorff so vertraut miteinander, dass die Grenze zwischen Chefin und Berater zuweilen verschwimmen darf. In Hintergrundgesprächen mit Journalisten, über die nicht berichtet wird, kommt es schon mal vor, dass von der Leyen etwas sagt und Flosdorff ergänzt, sobald sie endet. Viele andere Politiker würden das als Anmaßung ihres Angestellten empfinden und es sich verbitten. Von der Leyen hört dann einfach zu.

In solchen Momenten weiß man, dass es Jens Flosdorff, dem Pressesprecher, Spin-Doctor, Coach, Vertrauten, dem Ein-Mann-Abräum-Kommando, wohl nie so ergehen wird wie Kasper Juul. Den hat Birgitte Nyborg irgendwann rausgeschmissen.

Schutzraum-Empfehlungen

Wie und wo findet ein Spitzenpolitiker seine engsten Berater? Nach welchen Kriterien soll er oder sie Leute auswählen, die seine Vertrauten sein oder werden sollen? Wie erkennt man, ob jemand das Potenzial zum Ideengeber, Strategen und offenen Kritiker hat?

Schaut man sich im Berliner Politikbetrieb um, stellt man zunächst einmal fest: Exakte Aufbaupläne für politische Schutzräume besitzt niemand. Und detaillierte Betriebsanleitungen für Vertrauensverhältnisse lassen sich dort genauso wenig finden wie in der Wirtschaft, der Kultur oder im wahren Leben. Und dennoch kann man bestimmte Muster erkennen, welche Personenkonstellation funktioniert und welche nicht. Daher wollen wir hier nun einige Schutzraum-Empfehlungen auflisten, drei davon richten sich an Spitzenpolitiker, einer an die Vertrauten – und der wichtigste an beide.

1. Mache nie einen alten Kumpel zum Vertrauten!

Eine gemeinsame Vergangenheit stört, wenn der eine aufsteigen soll und der andere dienen muss. Haben zwei Jusos oder zwei Jungunionisten einst gemeinsam darüber gewitzelt, wer von beiden Bundeskanzler werden soll, kann es schnell ernst werden, wenn der eine Jahre später auf dem Weg dorthin ist – und der andere sein persönlicher Referent. Da das Verhältnis zwischen Spitzenpolitiker und Vertrautem immer hierarchisch bleibt – Letzterer ist abhängig von Ersterem –, empfiehlt es sich, dass es von vornherein schon so ist. Das erspart Reibungsverluste. An diese Empfehlung hat sich selbst Andrea Nahles gehalten. Die Arbeitsministerin hat zwar ihr Haus mit einer ganzen Reihe von Genossen vollgestopft, die sie schon seit gemeinsamen Juso-Zeiten kennt. Allerdings war die Hierarchie damals schon klar: Wo Nahles ist, ist oben.

2. Lass dir jemanden empfehlen!

Deutlich vielversprechender als alte Bande ist der Zufall. Als die unerfahrene Frauen- und Jugendministerin Angela Merkel 1992 eine persönliche Referentin suchte, kam sie mit dem niedersächsischen CDU-Hoffnungsträger Christian Wulff ins Plaudern, und der empfahl eine Parteifreundin aus Osnabrück, Beate

Baumann. Merkel kannte sie gar nicht. Baumann wechselte zu ihr – und dort ist sie heute noch. Die Physikerin und die Anglistin, die Ost- und die Westdeutsche, die Spitzenpolitikerin und ihre diskrete Vertraute sind aufgestiegen zur Kanzlerin und zur Büroleiterin der Kanzlerin. Merkel ist laut *Forbes* die mächtigste Frau der Welt, Baumann für Insider die zweitmächtigste Frau Deutschlands. Sie berät die Kanzlerin, sie regelt den Zugang, sie ist die Einzige, die sie vor anderen kritisieren darf. Merkel hört auf sie. An dem *FAZ*-Artikel, mit dem sich Merkel 1999 von Helmut Kohl lossagte und dadurch ihren Aufstieg beflügelte, hat Baumann entscheidend mitgeschrieben. Ohne ihre Vertraute wäre Merkel kaum Kanzlerin. Ihr Erfolg ist auch Baumanns Erfolg.

Wulff hat auch Iris Bethge empfohlen – dieses Mal aber seiner neuen Sozialministerin Ursula von der Leyen. Bethge, eine Journalistin aus dem Wendland, hatte nach dem CDU-Wahlsieg in Niedersachsen genug vom Politikbeobachten, wollte selbst mitgestalten und erzählte das dem designierten Ministerpräsidenten Wulff. Als Pressesprecherin, Spin-Doctorin und enge Vertraute war Bethge am Aufstieg von der Leyens entscheidend beteiligt.

Brigitte Zypries, die frühere Justizministerin, hat auch jemanden empfohlen. Als der junge niedersächsische Ministerpräsident Gerhard Schröder 1991 einen Medienreferenten für seine Staatskanzlei suchte, nannte sie, die junge Referatsleiterin für Verfassungsrecht, den Namen eines jungen, frisch promovierten Juristen: Frank-Walter Steinmeier.

3. Halt dich an keine Regel!

»Gleich und gleich gesellt sich gern« oder »Gegensätze ziehen sich an«? Für die Paarfindung in der Politik passt das eine so gut wie das andere: Sigmar Gabriel hat mit dem Politstrategen Matthias Machnig, einem politischen Zögling von Franz Müntefering, einen habituellen Wiedergänger in seinen Vertrautenkreis aufgenommen, der das am besten kann, was er selbst auch am besten kann: eloquent erklären, wie die SPD die nächste Wahl gewinnt. Ursula von der Leyen hingegen hatte mit Iris Bethge eine Vertraute um sich, die konnte, was sie selbst nicht konnte, vor allem aber nicht wollte: lange aufbleiben und bei einem Bier mit Journalisten quatschen.

4. (für Vertraute) Nutze den richtigen Zeitpunkt zum Absprung!
Gerhard Schröder musste 2005 erst die Bundestagswahl verlieren, damit sein ewiger Adlatus Steinmeier öffentlich in Erscheinung treten, Politiker aus eigener Kraft werden durfte. Die Alternative zum Warten heißt rechtzeitige Emanzipation. Torsten Albig setzte sich im Herbst 2008, damals noch Pressesprecher von Finanzminister Peer Steinbrück, als SPD-Kandidat für die Oberbürgermeisterwahl in Kiel durch. Ein halbes Jahr später »haute er Püppi aus den Pumps« (Steinbrück zum Sieg über die CDU-Amtsinhaberin) und marschierte dann weiter an die Landesspitze. Allerdings: Der emanzipierte Albig ist heute nur Ministerpräsident von Schleswig-Holstein – und der geduldige Steinmeier Außenminister von Deutschland.

5. (für beide) Finde deinen Nächsten sympathisch!
Spitzenpolitiker verbringen mit ihren Vertrauten deutlich mehr Zeit als mit ihren Ehepartnern und Kindern. Bei Vertrauten ist es noch schlimmer: Sehen sie ihren Chef oder ihre Chefin mal nicht, werden sie garantiert nach ihm oder ihr gefragt. Beide Seiten sollten daher darauf achten, dass sie denjenigen, auf den sie sich einlassen, auch sympathisch finden. Das ist nicht immer so.

Der Ameisentätowierer und der Diplomat

28. Mai 2011: Generalmajor Markus Kneip, Kommandeur der ISAF-Truppen im Norden Afghanistans, und sieben seiner Solda-

ten beraten in Taloqan mit dem Gouverneur der Provinz Tachar sowie afghanischen Polizeikräften die Sicherheitslage, als mitten unter ihnen eine Bombe explodiert. Kneip wird durch die Luft geschleudert, Splitter dringen in seinen Körper ein, er erleidet Brandverletzungen, bricht sich einen Ellbogen. Um ihn herum werden sieben Menschen zerfetzt, darunter zwei seiner Soldaten. Kneip wird nach Hause geflogen – und kehrt zwei Monate später nach Afghanistan zurück. Nicht alle Splitter konnten bei der Operation entfernt werden, manche stecken bis heute in seinem Körper. Kneip ist der erste deutsche General, der seit dem Zweiten Weltkrieg in einem Kampfeinsatz verwundet wurde.

Als in Taloqan die Bombe explodiert, gehört Geza von Geyr zu den Ersten, die davon erfahren. Im Frühjahr 2011 ist er stellvertretender BND-Vorsitzender, der Bundesnachrichtendienst mit Sitz in Pullach ist zuständig für die Auslandsaufklärung. Von Geyr kommt ursprünglich vom Auswärtigen Amt, wurde an die deutsche Botschaft in Rabat, Marokko, entsandt, arbeitete für die EU in Brüssel und als außenpolitischer Referent für Wolfgang Schäuble in der CDU/CSU-Bundestagsfraktion, um anschließend Referatsleiter für Sicherheitspolitik im Kanzleramt zu werden. Danach ging er zum BND. Von Geyr ist viel rumgekommen und schick dekoriert: mit dem Norwegischen Verdienstorden und dem Orden des Ritters der französischen Ehrenlegion.

Kneip, Jahrgang 1956, und von Geyr, Jahrgang 1962, gehören heute zu den wichtigsten Beratern von Ursula von der Leyen. Kneip, nun Generalleutnant, leitet die Abteilung »Strategie und Einsatz« im Verteidigungsministerium, von Geyr die Abteilung »Politik«, früher bekannt als Planungsstab. Kneip war schon da, als von der Leyen kam, von Geyr hat sie geholt, auf Empfehlung von Christoph Heusgen, dem außenpolitischen Berater der Kanzlerin. Kneip ist zuständig für die aktuell 15 Auslandseinsätze der Bundeswehr, von Geyr für die Probleme der Welt. Kommt auf Deutschland die Frage zu, ob es sich bei Bewältigung einer Krise mit der Bundeswehr einbringen will, sei es, um den Islamischen Staat zurückzudrängen, sei es, um Ebola einzudämmen, sind zwei Dinge zu klären. Erstens: Macht eine Beteiligung Sinn? Und zweitens: Was kann die Truppe leisten? Die erste Frage stellt die Verteidigungsministerin dem Zivilisten von Geyr, die zweite dem Militär Kneip. Gemeinsam haben von Geyr und Kneip noch eine andere Aufgabe: Sie müssen das System von der Leyen modifizieren.

Vorpreschen, andere zwingen nachzuziehen: in der Familien- und Arbeitsmarktpolitik hat das funktioniert. In der Sicherheitspolitik gibt es mehr und bedeutendere Akteure (EU, NATO, UNO), größere Zusammenhänge, höhere Risiken. Von der Leyens bevorzugter Politikstil, der Vorstoß im Rampenlicht der Öffentlichkeit, irritiert hier manchen und wirkt zuweilen kontraproduktiv. Von Geyr und Kneip kommt daher die Herausforderung zu, in das System von der Leyen neben »Vollgas« eine zweite Betriebsgeschwindigkeit einzuführen: die »kontrollierte Offensive«.

Kneip ist bekannt dafür, in jedes winzige Sachdetail hineinzukriechen, aus Vorlagen und Papieren, die über seinen Schreibtisch gehen und über die er sich stundenlang beugt, auch noch den letzten Spiegelstrich zu inhalieren. Wenn man Kneip nachts um drei anriefe und fragte, wie viele Hilfsflüge die Bundeswehr bis dato ins westafrikanische Ebola-Gebiet geflogen sei, dann wüsste er – so meint einer, der ihn gut kennt – nicht nur die exakte Zahl, sondern auch, was jede einzelne Maschine geladen hatte. Präzision ist Kneips Markenzeichen. Im Bendlerblock und in der Truppe nennen sie ihn deshalb den »Ameisentätowierer«.

Besucht man von Geyr im Verteidigungsministerium, trifft man auf seiner Türschwelle schon mal den Chef eines amerikanischen Thinktanks, von Geyr kennt ihn schon länger. Er kennt viele schon länger. Mit Stephan Steinlein, Frank-Walter Steinmeiers engstem Vertrauten, hat er zu Beginn der 90er Jahre gemeinsam die Diplomatenschulbank gedrückt. Christoph Heusgen, der Merkel-Berater, war vier Jahre lang sein Chef im Kanzleramt. Zur EU, in die NATO, in die französische und die britische Regierung hat er exzellente Verbindungen. Von Geyr ist ein sehr höflicher Mensch und ein hocheffizienter Netzwerker.

Der Soldat Kneip strahlt etwas Mönchisches aus: groß gewachsen, schlank, scharfe Gesichtszüge, kurze, grau melierte Haare. Es gibt Generäle, die stets mit ihrer Entourage auftauchen, um die eigene Bedeutsamkeit zu demonstrieren. Kneip taucht nur mit seinem schwarzen Rucksack auf, in dem ein Laptop steckt. Fotografen und Kameraleute umgeht er, wo er kann. Seine Ruhe und Gelassenheit, das Uneitle kommen in der Truppe gut an, für manche Soldaten hat er seit dem Anschlag in Afghanistan Heldenstatus. Dass er zum engen Umfeld der Ministerin zählt, nutzt vor allem ihr.

Von Geyr kann sehr eloquent und mit viel Sachkenntnis über den nordafrikanisch-arabischen Krisenbogen referieren, über russisches Selbstwertgefühl, die geopolitischen Verwerfungen eines Ölpreisabsturzes und was das alles mit Deutschland zu tun hat. Kommt man ihm mit deutschen Interessen, antwortet er, man müsse sie stets in Bezug setzen mit den Interessen von Deutschlands Partnern und den Erwartungen des Bündnisses. Als von der Leyen zu Beginn ihrer Amtszeit ankündigte, Deutschland wolle künftig mehr Verantwortung in der Welt tragen, klang das so, als wolle sie deutsche Soldaten in mehr Auslandseinsätze schicken. Seitdem hat sie sehr viel und sehr lange mit von Geyr gesprochen, mit knapp 25 Jahren Sicherheitspolitik, mit fast einem Vierteljahrhundert Diplomatie. Wenn sie heute von »mehr Verantwortung« redet, dann nie ohne den Zusatz: »innerhalb der Bündnisse«. Und sie sagt, die Regierung wolle »den deutschen Dreiklang von Diplomatie, wirtschaftlicher Zusammenarbeit und Sicherheit einbringen«. Von der Leyen hört sich nun so an wie eine diplomatisch gesoftete Ausgabe ihrer selbst. Sie hört sich fast so an wie von Geyr.

In Kneips Büro kann man eine pakistanische Eselstasche bestaunen, Verbandsabzeichen seiner ehemaligen Einheiten und diverse Fotos: Kneip inmitten von hundert Absolventen der britischen Generalstabsausbildung von 1993 in Camberley, Kneip vor einem amerikanischen Apache-Kampfhubschrauber, den er selbst geflogen hat. Und dann stehen da noch Porträtaufnahmen von zwei jungen Männern in Uniform: die beiden Soldaten, die bei dem Anschlag, bei dem er schwer verletzt wurde, starben. Niemand muss Kneip sagen, dass jeder Auslandseinsatz verheerende Folgen haben kann. Er hat das täglich vor Augen. Daher ist er eher zurückhaltend, wenn die Frage aufkommt, ob die Bundeswehr sich beteiligen soll an internationalen Einsätzen zur Krisenprävention hier oder zur Krisenbekämpfung da. Zuweilen drängt der Zivilist von Geyr unter Verweis auf die Erwartungen der Bündnispartner – und der Militär Kneip wehrt ab.

Von der Leyen ist eine Politikerin, die durch Präsenz Themen setzt und dabei eher zu viel macht als zu wenig. Seit Amtsantritt hat sie sehr viel und sehr lange mit Kneip gesprochen, hat den Mönch in Uniform, den Helden, der die Kamera scheut, fast täglich erlebt. Das wirkt sich aus. Als in Afghanistan zum Jahreswechsel 2014/15 der Kampfeinsatz der Bundeswehr endet und die neue Ausbildungsmission beginnt, bleibt von der Leyen in Berlin. Eine hübsche Flaggenparade am Hindukusch lässt sie ebenso sausen wie viele schöne gedruckte Bilder zu Hause. Von der Leyen handelt wie eine medial entschleunigte Ausgabe ihrer selbst. Sie handelt fast wie Kneip.

Doch eine Diplomatin auf der Flucht vor der Kamera wird von der Leyen nie werden. Und auch die Betriebsgeschwindigkeit »kontrollierte Offensive« hält sie nie lange durch. Wenn sich das System mal wieder als stärker erweist als seine Modifikation, kündigt von der Leyen im Fernsehen an, Freiwillige der Bundeswehr würden in Westafrika ein Feldlazarett für Ebola-Kranke einrichten – ohne dass die Bundeswehr davon weiß oder irgendjemand im Ministerium.

Oder sie verkündet, die Bundeswehr könne im Rahmen einer OSZE-Mission das russisch-ukrainische Grenzgebiet mit zwei Drohnen überwachen und die dazugehörigen Techniker durch bewaffnete Soldaten schützen – ohne dies zuvor mit dem Außenministerium abgestimmt zu haben.

Im ersten Fall räumt von der Leyens Schattenmann Hoofe zwar kräftig hinter ihr her und macht in mühevoller Kleinarbeit erst möglich, was sie schon groß verkündet hat.

Im zweiten Fall kocht Außenminister Steinmeier vor Wut. Und es stellt sich heraus, dass die Drohnen, die von der Leyen versprochen hat, bei Kälte nicht funktionieren und die OSZE grundsätzlich unbewaffnet arbeitet. Am Ende steht ein Misserfolg: Die Mission kommt nicht zustande.

Von Geyr und Kneip haben zwar dazu beigetragen, dass ihre Ministerin heute ein bisschen mehr Diplomatie wagt und hier und da auf eine Inszenierung mal verzichtet. Aber nachhaltig modifiziert haben sie das System von der Leyen noch nicht. Das scheint ohnehin ein aussichtsloses Unterfangen zu sein. Die Schlauquatsch-Runden, das »unter Druck in der Gruppe nach vorne denken«, immunisieren gegen jede Entschleunigung: Wer stets nach vorn denkt, muss am Ende offensiv handeln.

Auf der Strecke geblieben

Nicht alle, die einmal sehr eng mit Ursula von der Leyen waren, sind es noch. Vertraute kommen – und manche gehen auch wieder. Oder werden nicht mehr mitgenommen, wenn es auf der Leiter weiter nach oben geht.

Annette Niederfranke zum Beispiel. Niederfranke leitete die

Abteilung für Kinder- und Jugendhilfe im Familienministerium
so effizient, dass von der Leyen sie beim Wechsel ins Arbeitsressort einfach mitnahm. Dort schaffte sie eigens eine neue Stelle
für ihre Vertraute: Chefin des Leitungsstabs. Später beerbte Niederfranke sogar Andreas Storm als Staatssekretär und war damit
zuständig für die Rente.

Von da an ging es bergab im Verhältnis der beiden. Bei den
Vorlagen zur Rentenreform passte nicht alles zusammen, der
Koalitionspartner machte nicht mit, von der Leyen musste ihr
Konzept mehrfach revidieren, die Vertraute fiel in Ungnade.
Die Lernkurve war der Chefin nicht steil genug, unter Druck
wurde ihr zu wenig nach vorn gedacht – und das Kaninchen
starrte auf die Schlange. Der Umgang wurde zunächst küh-
ler, dann eisig.

Beim Wechsel ins Verteidigungsministerium blieb Niederfranke, wo sie war – aber nicht lange. Nach Amtsübernahme
versetzte die neue Arbeitsministerin Andrea Nahles sie in den
einstweiligen Ruhestand, im Alter von 55 Jahren. Heute leitet sie
das Deutschland-Büro der Internationalen Arbeitsorganisation,
ILO, in Berlin.

Nahles trennte sich auch von Niederfrankes Weggefährte
Malte Ristau, dem Von-der-Leyen-Vertrauten mit den tollen SPD-
Ideen. Dass Ristau ausgerechnet der Lieblingsfeindin der deutschen Sozialdemokratie treu diente, wollen ihm die Genossen
nicht verzeihen. Inzwischen arbeitet Ristau freiberuflich für verschiedene Unternehmensberatungen. Ob er mitwechseln wolle
ins Verteidigungsressort, hat von der Leyen Ristau nie gefragt.
Sie brauchte ihn dort nicht.

Iris Bethge, die Vorgängerin von Pressesprecher Flosdorff, war
sechs Jahre lang neben Hoofe von der Leyens engste Vertraute.
Beim Wechsel von Hannover nach Berlin 2005 wäre sie neben
Spin-Doctorin, Beraterin und Eine-Frau-Abräum-Kommando fast
auch noch ihre Mitbewohnerin geworden. Bethge fragte von der

Leyen mal beiläufig, wo sie denn in Berlin wohnen wolle. »Na, ich dachte, zunächst mal bei Ihnen.« Bethge schluckte kurz. Von der Leyen entschied sich dann doch für ein Kämmerlein im Familienministerium. Vier Jahre später stieg Bethge aus. Mitten im Wahlkampf 2009 erhielt sie ein Angebot aus dem Bankensektor und nahm es an. Die Ministerin war verschnupft und nahm übel, der Kontakt riss rasch ab.

5 MACHT

»Umarme deine Freunde nach Kräften,
umarme aber deine Feinde noch kräftiger –
so kräftig, dass sie kaum noch Luft kriegen.«

Lyndon B. Johnson, US-Präsident

Wirtschaftsministerin, das klingt doch gut. Und etwas Besonderes ist es auch. Achtzehn Wirtschaftsminister hat es bis dahin in der Geschichte der Bundesrepublik gegeben – alles Männer. Und Wirtschaft ist ein Aufstieg im Vergleich zu Arbeit und Soziales. Bosse statt Gewerkschafter, Delhi, Schanghai, Doha statt Recklinghausen und Bitterfeld. Das Wirtschaftsressort ist vielleicht nicht so schön wie das Auswärtige Amt, wo sie am liebsten hinwill, aber entschieden besser als das Gesundheitsministerium, vor dem ihr graust. Und dann fragt die Kanzlerin plötzlich, ob sie nicht Verteidigungsministerin werden will. Ursula von der Leyen sagt umgehend zu. Von Sicherheitspolitik hat sie keine Ahnung. Von der Bundeswehr oder Waffen auch nicht.

Es ist Mitte Dezember 2013. Die Wahlen sind vorbei, der Koalitionsvertrag steht, und Angela Merkel stellt ihr Kabinett zusammen – von der Leyen ist ihr Überraschungscoup. Nachdem sie der Kanzlerin zugesagt hat, schaltet die künftige Verteidigungsministerin im Dienstwagen ihr iPad ein. Sich Bedenkzeit erbitten, erst mal mit dem Ehemann reden, sich beraten – so tickt von der Leyen nicht. Sie entscheidet zuerst, ruft dann ihren Mann an und sagt ihm: »Stell dir mal vor, was mir heute passiert ist.« Auf dem iPad erscheint die Suchmaske von Google, von der Leyen tippt »Verteidigungspolitik« ein. Als sie das Monate später lachend erzählt, sagt sie: »Heute weiß ich natürlich, dass ich ›Sicherheitspolitik‹ hätte eintragen müssen.« Auf die Frage, ob sie je Zweifel an ihrer Eignung für den Posten gespürt habe, antwortet sie: »Nicht eine Sekunde. Ich weiß schließlich, wie man ein Ministerium führt.«

Nur wer Macht wirklich will, wird sie bekommen und auf Dauer behalten. Wer zu sehr damit hadert, Entscheidungen treffen zu müssen, kritisiert zu werden und Gegner zu ärgern, wird scheitern. Bei Ursula von der Leyen besteht diese Gefahr nicht. Sie hat sich immer viel zugetraut und das auch gezeigt – und ist damit eine Ausnahme. Männer steigen häufig auf, indem sie Ansprüche stellen und unüberhörbar »Hier!« oder »Ich!« rufen, Frauen eher nicht. Jedenfalls nicht mit Erfolg. Lange bekamen sie vor allem als Krisenmanagerinnen eine Chance – und weil sie unterschätzt wurden. So wie Angela Merkel, die Parteivorsitzende werden konnte, weil es die CDU-Spendenaffäre gab. Damals musste in der Partei aufgeräumt werden, mit ungewissen Erfolgsaussichten. In Talkshows wurde allen Ernstes erörtert, ob es in Zukunft überhaupt noch christdemokratische Parteien geben werde.

Hannelore Kraft wurde nordrhein-westfälische SPD-Landesvorsitzende, als die Sozialdemokratie in ihrem Stammland am Boden lag. Auch sie ist eine Frau, die lange niemand für den Spitzenjob auf der Rechnung hatte und die im richtigen Moment beherzt zugriff. In beiden Fällen, bei Merkel wie bei Kraft, gingen viele Parteifreunde davon aus, dass sie es mit Übergangskandidatinnen zu tun hatten, die früher oder später verschwinden würden. Sie betrachteten die Frauen nicht als ernsthafte Konkurrenz.

Seit Merkel eine der mächtigsten Frauen der Welt ist, werden Trümmerfrauen hierzulande nicht mehr so leicht unterschätzt. Die Kanzlerin hat alle Vorurteile widerlegt, wonach Frauen Macht nicht wollen, wonach sie unter Druck zwangsläufig hysterisch werden oder ihnen das Chef-Gen fehlt. Damit ändern sich allmählich auch die Mechanismen weiblichen Aufstiegs. Weil es Angela Merkel gibt, funktioniert die Methode Merkel nicht mehr.

Lange hieß es, auf die erste Frau im Kanzleramt könne unmöglich eine zweite folgen. In dieser Behauptung steckte eine Unterstellung: Man nahm an, dass Wähler oder Parteimitglieder eine Regierungschefin als Zumutung empfinden, als Ausnahmezustand, den man nicht lange ertragen könne. Doch knapp zehn Jahre nach dem Beginn von Merkels Kanzlerschaft haben sich die Deutschen daran gewöhnt, dass eine Frau die Regierung führt. Insofern hat die moderierende Merkel den Weg bereitet für die forschere von der Leyen. Es ist nicht mehr so wichtig, ob ein Mann oder eine Frau regiert.

An Merkel und von der Leyen lässt sich beobachten, dass das Geschlecht eines Politikers eher wenig Konsequenzen für den Führungsstil hat. Beide sind Frauen, aber ansonsten grundverschieden. Während Merkel oft lieber abwartet, prescht von der Leyen regelmäßig vor. Wo die Kanzlerin Stimmungen folgt, will von der Leyen diese selber machen. Merkel redet häufig über Zwänge, von der Leyen über Leidenschaft. Merkel kommt auch in großen Momenten nüchtern daher, von der Leyen ist, bei Bedarf, sehr emotional. Von der Leyen lächelt fast immer, die Kanzlerin fast nie.

Alle erfolgreichen Politiker entwickeln früher oder später bestimmte Machttechniken, die sie immer wieder anwenden. Einige sind Defensivspieler und perfektionieren das Gespür dafür, wann sie ausnahmsweise die sichere Deckung verlassen können. Andere sind begnadete Netzwerker und werden immer besser darin, Verbündete zu gewinnen und zu motivieren. Wieder andere sind Solisten, die ihre Bühne mit niemandem teilen wollen. Sie entwickeln immer ausgefeiltere Techniken, sich in die erste Reihe zu drängen.

Ursula von der Leyen hat ihre meisten Methoden während ihrer zwölfjährigen politischen Karriere kaum verändert – warum auch, sie ist damit ja sehr schnell weit gekommen. Das sind die wichtigsten:

1. Das Umarmungsprinzip

Viele Satiriker und Kabarettisten haben schon den mütterlich-nachsichtigen Ton nachgeahmt, in dem von der Leyen oft mit Kritikern und Gegnern spricht. Gern legt sie dabei den Kopf schief und berührt mit der Hand den Arm ihres Gegenübers. Sie redet langsam und akzentuiert, als habe ihr Gesprächspartner Schwierigkeiten, sie sonst zu verstehen. Wenn das allein nicht reicht, wirft sie ab und an ein lobendes »genau!« oder »richtig!« ein, um zu signalisieren, dass sie Erkenntnisfortschritte wohlwollend registriert. Mit wenigen Worten und ein paar Gesten macht sie auf diese Weise klar, wer aus ihrer Sicht den Durchblick hat – und wer ein Trottel ist. Und weil diese Dominanzgesten wie Freundlichkeit daherkommen, ist es schwer, sich zu wehren, ohne unhöflich zu sein.

Zur Strategie gehört, mit der gleichen Körpersprache neben Lob manchmal auch Tadel und Mitleid zu bekunden. In Talkshows macht von der Leyen das regelmäßig. Daniel Bahr, FDP-Gesundheitsminister der schwarz-gelben Regierung, erlebte das unmittelbar vor der Bundestagswahl in einer großen Runde. Der Moderator wollte wissen, ob die Union sich nicht ziemlich unfreundlich gegenüber ihrem liberalen Koalitionspartner verhalte. Das war in der Schlussphase des Wahlkampfes eine berechtigte Frage. Die Union hatte ein Programm beschlossen, das in vielen Punkten nicht mit der FDP umzusetzen war. Von der Leyen erwiderte scheinbar einfühlsam auf die Frage, für die FDP sei das alles nicht leicht, aber sie habe großes Vertrauen – hier legte sie ihre Hand auf Bahrs Arm –, dass die Liberalen schon klarkämen. Bahr musste lachen, so frech fand er diese gönnerhafte Geste, mit der die Ministerin ihre Partei und sich groß machte – und ihren Kabinettskollegen klein.

Von der Leyen interessiert sich für Körpersprache. Es bringt ihr Spaß, ab und zu Teile von Talkrunden oder Fernsehnachrichten ohne Ton anzuschauen und dann das Auftreten anderer Politiker zu studieren. Allerdings ist ihr eigenes Verhalten nicht angelernt, es entspricht einer Geisteshaltung, mit der sie sich Mitarbeitern, Journalisten, Parteifreunden und Fernsehzuschauern nähert. Sie hat ein paarmal erlebt, dass sie Debatten anstieß, bei denen viele andere ihr mit Zeitverzögerung folgten. Deshalb unterscheidet sie weniger zwischen links oder rechts als nach Geschwindigkeit: Wer anderer Meinung ist, begreift nach ihrer Logik einfach nur nicht so schnell wie sie. Ist also kein Gegner, sondern ein Unterstützer von morgen.

In der Politik ist diese Spielart von Arroganz nicht neu. Schon Gerhard Baum, der liberale Bundesinnenminister der späten 70er und frühen 80er Jahre, begann Reden gern mit dem Satz: »Verehrte Damen und Herren, Sie sind alle Liberale, Sie wissen es nur noch nicht.« Baums Satz parodiert eine Geisteshaltung, die in der Politik verbreitet ist.

Das Umarmungsprinzip ist eine gute Methode, um Forderungen auszusprechen, ohne quengelig zu wirken. Das demonstrierte von der Leyen bei einer Veranstaltung zur Frauenquote, auf der sie dem damaligen *Spiegel*-Chefredakteur Georg Mascolo begegnete. Andere Frauen klagten an diesem Abend, von der Leyen zog den Mann kurz beiseite und stellte eine Frage: »Wissen Sie eigentlich, wie sehr ich Sie loben würde, wenn sich der *Spiegel* beim Thema Frauen ein bisschen bewegen würde? Ich würde ständig überall erzählen, wie gut Sie sind.« Auch das klang freundlich, sollte aber signalisieren, wer hier wen unterstützen könne. Sie erweckte den Eindruck, als könne sie Noten verteilen. Im Lob steckte eine Forderung – und eine Machtdemonstration.

2. Das American-Football-Prinzip

Beim American Football kommt es darauf an, den Ball möglichst weit ins gegnerische Feld zu tragen oder ihn weit dorthin zu passen, wo er gefangen werden muss. *Catch and Run* nennen die Amerikaner diese Methode. Es geht dabei um Raumgewinn, darum, Territorium der anderen zu erobern und das eigene zu verteidigen.

Ursula von der Leyen ist die Football-Spielerin der deutschen Politik. Bei all ihren Themen – von der Kinderbetreuung über die Frauenquote bis hin zur steigenden außenpolitischen Verantwortung für die Welt – hat sie Themen weit in das Feld der anderen getragen, deren Territorium besetzt und es verteidigt, und zwar im Alleingang.

Von der Leyen hat allerdings die Regeln des Spiels erweitert. Sie wirft ihre Bälle, auch ohne genau zu wissen, wo sie landen und wie sie aufgefangen werden. Hauptsache, ein Territorialgewinn. Hauptsache, es geht irgendwie voran. Die eigenen Anhänger hat dies, anders als beim Football, längst nicht immer begeistert, sie haben sich aufgeregt. Deshalb versucht von der Leyen meistens, die Erregungswellen, die sie auslöst, mit etwas Zeitverzögerung wieder ein wenig zu glätten. Als sie den Ausbau der Kinderbetreuung für Unterdreijährige gefordert hatte und die CSU tobte, wartete sie erst einmal ab, bis der Ball aufgeschlagen war. Dann erklärte sie, dass ja niemand gezwungen werde, die neuen Kitaplätze zu nutzen. Ihr liege es fern, eine Kitapflicht einzuführen.

3. Das Schulhofprinzip

Es gibt Schüler, die sich auf dem Pausenhof grundsätzlich mit Stärkeren anlegen. Zielstrebig steuern sie auf die kräftigsten Jungs zu und provozieren sie so lange, bis sie eins auf die Nase kriegen. Mit Schwächeren legen sie sich grundsätzlich nicht an. Das wirkt auf den ersten Blick dämlich, hat aber einen Sinn. Im Ansehen von anderen kann man bei dieser Methode nur steigen: Entweder man verliert – das schadet nicht, denn gegen einen übermächtigen Gegner gibt es nun einmal keine Chance. Oder man gewinnt ausnahmsweise doch einmal – dann ist man ein Star.

Von der Leyen hat nach ihrem Start in die Politik immer die Auseinandersetzung mit Stärkeren gesucht. In ihrer Zeit als Familienministerin legte sie sich beispielsweise wegen des Kita-Ausbaus mit Fraktionschef Volker Kauder und dem damaligen CSU-Parteivorsitzenden Edmund Stoiber an, nicht mit den Fachpolitikern der Fraktion. Als Arbeitsministerin hat sie sogar Merkel mehrfach herausgefordert. 2012 drohte sie mit Rücktritt, falls sie keine Unterstützung für ein Konzept gegen Altersarmut bekäme. Merkel hatte sich eigentlich schon dagegen festgelegt. Aber sie hatte gerade Umweltminister Norbert Röttgen entlassen und wollte nicht schon wieder jemanden feuern. Von der Leyen hatte nicht nur Erfolg in der Sache – sie hatte gezeigt, in wessen Liga sie sich sieht.

4. Das Judo-Prinzip

Um einen Gegner zu besiegen, reicht es manchmal schon, die Nerven zu behalten, im richtigen Moment einen Schritt zur Seite zu treten. Dann kann man zuschauen, wie der Angreifer ins Leere rennt oder manchmal sogar gegen eine Wand. Wie beim Judo, wo Kämpfer den auf sie losstürmenden Gegner über die Schulter werfen und so dessen Energie für ihre Zwecke nutzen. Beim Judo gewinnt nicht derjenige, der die meiste Kraft hat, sondern derjenige, der sie am effizientesten einsetzt. So nämlich, dass die Gegner sich mit ihrer Angriffslust selbst schaden und schwächen.

Judo-Politik ist eigentlich die Königsdisziplin der Bundeskanzlerin. Von Edmund Stoiber bis Silvio Berlusconi, von Nicolas Sarkozy bis Friedrich Merz haben viele Männer (und auch einige Frauen) erlebt, dass man die Kanzlerin mit maximalem Krafteinsatz nicht besiegen kann. Damit setzt man sich nur ins Unrecht. Kraftmeierische Posen sind nicht ihr Stil. Dosierte, kraftvolle Schläge kann sie wie wenige andere.

Von der Leyen hat ein ganz anderes Naturell als Merkel und neigt eher zum Angriff als zum Abwarten. Aber sie weiß, wann das Judo-Prinzip unschlagbar wirkungsvoll ist: wenn ein älterer Mann sie auf unfaire Weise attackiert. Als Familienministerin profitierte sie zum Beispiel davon, dass der Augsburger Bischof

Walter Mixa ihr vorwarf, mit ihren Kita-Plänen reduziere sie Frauen zu »Gebärmaschinen«. Sie hatte die meisten Sympathien auf ihrer Seite. Wegen solcher Erfahrungen reagierte sie entspannt, als kurz nach ihrem Start im Verteidigungsressort der ehemalige Generalinspekteur Harald Kujat sie kritisierte. Er behauptete, sie führe ihr Ministerium in Hausfrauenmanier. Von der Leyen erwartete, dass ihr das mehr nützen als schaden werde.

5. Das Biografieprinzip

Es gibt einen langen Satz mit vier »W«, der für von der Leyens Politik besonders wichtig ist. Wenn sie überlegt, welches Thema sie als Nächstes anpackt, welche Forderung sie in einem Interview zuspitzt und welches Gesetz sie vorantreibt, dann fragt sie, in Anlehnung an ein bekanntes Zitat des amerikanischen Präsidenten John F. Kennedy: Wann, wenn nicht jetzt – und wer, wenn nicht ich? Sie sucht Themen, die sie erstens für dringend hält und die sich zweitens mit persönlichen Erfahrungen verbinden lassen. Sie fühlt sich berufen, die Vereinigten Staaten von Europa zu fordern, weil sie in Brüssel geboren wurde. Sie erfindet das Bildungspaket für arme Kinder, weil sie siebenfache Mutter ist. Sie wirbt für Mehrgenerationenhäuser, weil sie mit einem dementen Vater zusammengelebt hat. Als Arbeitsministerin startet sie eine Initiative für junge arbeitslose Südeuropäer, die im Alter ihrer Kinder sind.

Von der Leyen ist überzeugt, dass sie am meisten bewegt, wenn sie zu einem Projekt nicht nur einen rationalen, sondern auch einen emotionalen Zugang hat. Richtige Leidenschaft ist noch besser. Dann redet sie anders, hat mehr Biss, mehr Durchhaltevermögen. Hinzu kommt, dass sich biografisch aufladbare Themen auch in den Medien besser vermitteln lassen. Außerdem kann sie bei jeder Sachdebatte von sich selbst erzählen.

6. Das Askese-Prinzip

Gelegentlich fährt Ursula von der Leyen zu Pferderennen nach Ascot, einem Ort, wo sich viele wohlhabende und noch mehr herausgeputzte Menschen versammeln. Sie wurde aber dort noch nie fotografiert. Dafür weiß der deutsche Wähler, dass die Ministerin seit Jahren in Berlin immer in einem Kämmerchen schläft. Er sieht, dass von der Leyen immer die gleichen Anzüge trägt. Er ahnt, dass sie keinen Hang zu teuren Restaurantbesuchen hat, dafür ist sie zu dünn. Von der Leyen will damit zeigen, dass sie nicht zum Luxusleben neigt. Je privilegierter die Herkunft, desto wichtiger ist für deutsche Politiker Bodenständigkeit und Bescheidenheit. Hierzulande wollen Wähler zwar Politiker, die überdurchschnittlich intelligent, fleißig und weltgewandt sind, die vorbildlich herausragen und keine Fehler machen, – gleichzeitig sollen sie aber sein wie sie. Die Tatsache, dass sie es beim Start in die Politik wegen ihres Vaters besonders leicht hatte, kann von der Leyen nicht leugnen. Aber sie versucht, im öffentlichen Auftritt nicht ständig daran zu erinnern.

7. Das Muttiprinzip

Das Muttiprinzip ist eine harmlose Spielart des Arroganzprinzips. Die beste Art, es kennenzulernen, ist bei Ministerreisen. Da kommt es schon mal vor, dass von der Leyen beim Warten im Aufenthaltsraum eines Flughafens ihrer Delegation zuruft:»In fünf Minuten geht der Flug, wer will, kann sich jetzt noch die Hände waschen.« Mutti kümmert sich. Und nimmt damit eine organisatorische Führungsrolle ein, die anschließend auch auf Gespräche oder Entscheidungen abstrahlen kann.

Vor allem beim Essen in Gruppen lebt von der Leyen ihren Fürsorge-Instinkt gern aus. Sie rückt das Glas eines Tischnachbarn auf den richtigen Platz, sie sorgt dafür, dass jeder genug auf dem Teller hat.»Beim Essen merkt man ihr an, dass sie aus einer Großfamilie kommt«, sagt ein Mann, der sie regelmäßig in Regierungsrunden erlebt. Während der schwarz-gelben Koalitionsverhandlungen erlebten die Gesundheitspolitiker diese Seite der Ministerin. Man hatte gemeinsam eine Pause gemacht und ein warmes Gericht gegessen, als von der Leyen in die Runde rief: »So, und jetzt nehmen alle ihr schmutziges Geschirr mit und stellen es in der Küche ab.« Die Gruppe fügte sich widerstandlos.

Allerdings ist von der Leyen nicht die einzige Mutter im Politikbetrieb, die beim Essen zu territorialen Übergriffen neigt. Die Grünen-Fraktionschefin Katrin Göring-Eckardt hat sich auch nicht immer im Griff. Als sie noch kleine Kinder hatte, saß sie einmal bei einem Staatsbankett neben einem Diplomaten. Er schaute sie höchst erstaunt an, bis sie begriff, was sie gerade tat: Sie hatte begonnen, das Schnitzel auf seinem Teller zu zerlegen. Allerdings war das ein Versehen. Bei von der Leyen sind solche Gesten manchmal Gewohnheit – und gelegentlich auch eine Machtdemonstration.

Ursula von der Leyen ist eine Offensivpolitikerin, die lieber handelt als abzuwarten, lieber provoziert als moderiert. In den vergangenen Jahren haben in der Politik meistens die Defensivspieler gesiegt. Abwarten, aussitzen, pragmatisch statt prinzipiell argumentieren – all diese Tugenden wurden geschätzt. Neue Gedanken wurden zunächst mal daraufhin geprüft, ob sie verhetzbar sind, der Gegner sie also erfolgreich gegen einen wenden könnte. Es galt das Motto: Wer wagt, gewinnt nicht.

Würde von der Leyen Kanzlerin, so würde allein ihr Vorbild möglicherweise einen Kulturwandel provozieren. Möglich ist aber auch, dass sie sich ändert, weil sie im neuen Amt als Verteidigungsministerin nicht mehr so vorpreschen kann wie bisher. Bei heiklen internationalen Sicherheitsfragen ist mehr Zurückhaltung gefragt. Wer seinen NATO-Partner im Fall der Fälle nicht konsultiert, richtet mehr Schaden an als jemand, der Volker Kauder oder Kristina Schröder übergeht.

6 PARTEI

»Mami, warum bist du eigentlich
in der CDU?«

Eines der Kinder von Ursula von der Leyen

Wer regelmäßig über Ursula von der Leyen berichtet, macht bei seinen Recherchen schnell eine merkwürdige Erfahrung: Unionspolitiker, die sonst durchaus bereit sind, über Parteifreunde zu sprechen, werden plötzlich einsilbig, wenn sie nach der Verteidigungsministerin gefragt werden. Sie rätseln, grübeln und spekulieren. Sie formulieren Gegenfragen statt Antworten und fangen an, selbst zu recherchieren – bei den Journalisten. »Ich kann Ihnen das leider nicht erklären«, sagen sie dann. »Sie haben doch mit ihr gesprochen.«

Manchmal sind sie sogar so offen wie die bayrische Wirtschaftsministerin Ilse Aigner, die während des CDU-internen Streits um eine gesetzliche Frauenquote einmal sagte: »Wissen Sie, ich kenne die Ursula von der Leyen eigentlich nicht.« Damals saß die CSU-Politikerin schon mehr als zwei Jahre mit von der Leyen gemeinsam im Kabinett, sie war in dieser Zeit Bundesministerin für Landwirtschaft und Verbraucherschutz.

Ursula von der Leyen und die Union – das ist eine rätselhafte, schwierige Beziehung. Die Verteidigungsministerin begeistert sich so selten für ihre Partei wie die sich umgekehrt für sie. Von der Leyen stammt zwar aus einer CDU-Familie, gehört zu den bekanntesten Vertretern ihrer Partei und wurde Ende 2014 schon zum dritten Mal zu einer der fünf stellvertretenden CDU-Vorsitzenden gewählt. Trotzdem ist sie vielen in der Union bis heute fremd. Sie hat keine Hausmacht, kaum Vertraute, wenige Verbündete. Einigen ist sie zu liberal, anderen zu einzelgängerisch. Neid auf ihren schnellen Aufstieg spielt eine Rolle, außerdem wird ihr vorgeworfen, die Partei mit ihrem Vorpreschen immer wieder zu erpressen.

Sie tat bisher wenig, um das zu ändern. Das ist erstaunlich, schließlich kann von der Leyen charmant und einnehmend sein. Und ihr muss klar sein, wie wichtig Netzwerke für Politiker sind. Kann sie nicht anders? Will sie nicht? Hätte sie trotzdem Chancen, von der CDU im Fall der Fälle als Kanzlerkandidatin nominiert zu werden?

Im Dezember 2014 sitzt von der Leyen in einem kleinen fensterlosen Raum, der an eine Verhörzelle aus amerikanischen Krimis erinnert. In der Mitte steht ein Tisch, darüber baumelt eine Deckenlampe, daneben stehen Klappstühle. Die Zelle befindet sich auf der Rückseite eines riesigen Podests, das für die Prominenz des Bundesparteitags der CDU gezimmert wurde. Hier Interviews zu führen ist, wie beim Theater in die Kulisse zu steigen. Oben thronen mehrere Minister samt Kanzlerin, sie schauen hinab auf etwa tausend Delegierte und mehr als hundert Journalisten die sich in der Kölner Messehalle versammelt haben. In die Kulisse kommt man nur nach einer Kontrolle durch Sicherheitskräfte.

Von der Leyen hat vor sich einen Teller mit Obst stehen, den sie nicht anrührt, sie sieht ernüchtert aus. Bei der Wahl der stellvertretenden Parteivorsitzenden hat sie ein glanzloses Ergebnis erzielt: 70,5 Prozent der Delegierten haben für sie gestimmt. Außer ihr gibt es noch vier andere Merkel-Stellvertreter, alle haben bessere Ergebnisse, selbst der glücklose baden-württembergische Landesvorsitzende Thomas Strobl, den außerhalb seines Landes kaum jemand kennt und der gerade die Wahl zum Spitzenkandidaten verloren hat.

Kein guter Tag also für Ursula von der Leyen. Was sagt sie zu dem Ergebnis? Sie redet über einen Kabinettskollegen. Hermann Gröhe, Gesundheitsminister und bis zur Bundestagswahl Generalsekretär, hat seinen Platz im Präsidium verloren. Die Delegierten haben statt seiner den jungen Bundestagsabgeordneten Jens Spahn in den Führungszirkel aufsteigen lassen. »Armer Hermann Gröhe«, sagt von der Leyen. »So kann man einen Minister doch nicht behandeln. Wo er doch den Wahlkampf organisiert hat, der uns fast die absolute Mehrheit einbrachte.«

Clever. Und typisch von der Leyen: Zwei knappe Sätze reichen, um ihr eigenes Wahlergebnis zu relativieren. Delegierte auf Parteitagen neigen zu ungerechten, irrationalen Entscheidungen – das ist es, was sie mit ihrer kleinen Beileidsbekundung sagen will. Sie, die Verteidigungsministerin, ist bei weitem nicht die Einzige, die das gelegentlich trifft. Gleichzeitig hat sie daran erinnert, dass die Partei eigentlich auch diejenigen unterstützen könnte, die im Wahlkampf erfolgreich gerackert haben. Dazu gehört neben Gröhe natürlich von der Leyen selbst, die in vielen großen Talkshows auftrat und besonders häufig zu Veranstaltungen der Basis eingeladen wurde. Nur die Kanzlerin hat dort mehr Publikum als sie. All das sagt von der Leyen, ohne sich explizit über die Delegierten zu beschweren. Natürlich nicht, sie jammert nie.

Draußen, auf der anderen Seite des Promi-Podests, tänzelt Julia Klöckner durch die Reihen der Delegierten. Die Oppositionsführerin aus Rheinland-Pfalz strahlt, sie breitet die Arme aus wie Theodor zu Guttenberg auf dem Times Square und posiert für Selfies und Fernsehkameras. 96,5 Prozent der Delegierten haben die 41-jährige Theologin zur stellvertretenden Parteivorsitzenden gewählt. Jetzt wird sie belagert von Gratulanten.

Schon vor der Abstimmung hockte Klöckner zwischen den Delegierten aus Rheinland-Pfalz, die ein riesiges Straßenschild mit einem Ortsnamen mitgebracht hatten und in die Höhe hielten. Klöckner posierte geduldig, sie winkte noch andere Delegierte herbei, bis sich irgendwann auch ein Mann mit einer Fernsehkamera dazugesellte. Der Auflauf wurde immer größer. Ein paar Reihen weiter saßen die Delegierten aus Niedersachsen, dem Landesverband von Ursula von der Leyen. Dort war es still. Weder der niedersächsische Parteichef David McAllister noch von der Leyen ließen sich hier länger blicken.

Klöckners Erfolg war keine Überraschung. Ihr Landesverband hatte sich lange selbst zerlegt, er hatte viele Jahre keine reelle Chance, die in Mainz regierende SPD abzulösen. Dann gab Klöckner einen sicheren Job als Staatssekretärin in Berlin auf und wechselte in die wenig glamouröse Landespolitik. Nun könnte sie es im kommenden Jahr tatsächlich schaffen, Ministerpräsidentin zu werden. Das sind Geschichten, die Parteitagsdelegierte lieben.

So weit, so vorhersehbar. Lehrreich für die Frage nach von der Leyens Rolle in der CDU waren Sätze, mit denen Klöckner um die Stimmen der Delegierten warb. »Ich soll Sie von Helmut Kohl grüßen, er schaut uns gerade zu«, rief sie in den Saal. Wenig später folgt der Satz: »Keine Krippe kann einem Kind das bieten, was ihm die Mutter bieten kann.« Beide Passagen passen nicht wirklich zu der 41-jährigen unverheirateten und kinderlosen Klöckner. Sie ist weder eine Vertraute des Altkanzlers, noch schaut sie besonders skeptisch auf Kitas und Kinderkrippen. Trotzdem hat Klöckner die beiden Sätze sehr bewusst gesagt. Sie sind kleine Verneigungen vor dem konservativen Teil der CDU. Denn hier auf dem Parteitag sitzen viele Ältere, Funktionäre, die tatsächlich noch manchmal wehmütig an den Sauna-und-Saumagen-Kanzler denken. Über Ursula von der Leyen sagen sie normalerweise, die Frau sei ihnen unheimlich.

Die Verteidigungsministerin hat sich diesmal mit kargen Worten um die Stimmen der Delegierten beworben. »Ich war Familienministerin, ich war Arbeitsministerin, jetzt bin ich Verteidigungsministerin«, lautet der Anfang ihrer dreiminütigen Bewerbungsrede. »Schon das war falsch«, sagt einer, der sie nicht gewählt hat. »Hier werden keine Fleißkärtchen verteilt, hier geht es ums Wir-Gefühl. Das kriegt sie einfach nicht hin.« Ein anderer sagt: »Ich sehe nicht ein, dass man jemandem, der sich so wenig für die Partei interessiert, auch noch ein hohes Amt verschafft. Soll sie doch einfach Ministerin und damit zufrieden sein.« Allein ihre Androhung, bei der Abstimmung über eine gesetzliche Frauenquote nicht mit der Partei zu stimmen, sei schon ein Grund, sie nie zu wählen. Er gehört zu den jungen Konservativen, denen die ganze Richtung nicht passt. Streng genommen passt ihm auch Angela Merkel nicht, doch das würde er nie so sagen. Die Kanzlerin ist nicht nur mächtiger, sie bietet auch weniger konkrete Angriffspunkte. Angela Merkel hat den Wandel der Partei geschehen lassen, von der Leyen hat ihn betrieben.

Ein weiterer Kritiker regt sich über den getragenen Ton auf, mit dem von der Leyen vor den Delegierten sprach. Er ahmt ihre Neigung nach, Konsonanten lange zu betonen: »Gannnnz furchtbar«, findet er das. »Sie redet mit einem, als müsste sie einem Fünfjährigen erklären, dass die Erde keine Scheibe ist.« Nur einem aus Merkels Kabinett fällt etwas Positives zu von der Leyens Auftritt ein, ein halbes Lob: »Wäre sie emotionaler geworden, hätte sie wirklich um die Herzen der Delegierten geworben, wäre es noch blöder für sie ausgegangen. Sie hätte trotzdem kein gutes Ergebnis erzielt, und das hätten dann alle als Niederlage gedeutet.« Jetzt habe sie bekommen, was im Parteijargon ein »ehrliches Ergebnis« genannt wird. Darin drücke sich Respekt aus. Mehr nicht.

Aber auch nicht weniger. Und es ist gut möglich, dass diese Art von Unterstützung für einen weiteren Aufstieg von der Leyens reicht. Es sind schon viele Spitzenpolitiker von ihren Parteien mehr ertragen als getragen worden. Helmut Schmidt war so ein Fall, auch Gerhard Schröder. Joschka Fischer war ein Star, aber er hatte auf Grünen-Parteitagen oft keine Mehrheit hinter sich. Alle drei hat das spannungsreiche Verhältnis zur eigenen Partei in der Sache oft gebremst. Gerhard Schröder hat auch erlebt, dass sich nicht immer der Kandidat mit den größten Siegeschancen durchsetzt, wenn die Partei entscheidet. Bei einem SPD-Mitgliederentscheid zur Kanzlerkandidatur im Jahr 1993 verlor er gegen den glücklosen Rudolf Scharping. Am Ende hat die Partei aber seinen Weg an die Spitze nicht verhindert. CSU-Chef Horst Seehofer war sogar ausgesprochen unbeliebt in seiner Partei, als er deren Vorsitzender wurde. Er hatte die größten Siegeschancen, darauf kam es an. Selbst Angela Merkel ist nicht durch die Zuneigung ihrer Partei an die CDU-Spitze und ins Kanzleramt gelangt. Sie war Krisenmanagerin nach der Parteispendenaffäre, galt aber bei vielen zunächst als Frau des Übergangs. Nikolaus Blome, *Spiegel*-Büroleiter und Autor eines Buches über die »Zauder-Künstlerin« Merkel, behauptet sogar, sie sei eine Putschistin, die den Mittelbau der Partei nie wirklich überzeugt habe und ihrerseits einen Gegenputsch aus der Partei immer noch fürchten müsse. Deswegen lasse sie sich immer wieder ausgiebig auf Regionalkonferenzen von der Basis beklatschen: Wer gerade noch von einfachen Mitgliedern gefeiert wurde, gegen den können die Funktionäre nicht erfolgreich meutern.

Jedenfalls funktioniert längst nicht jeder, der regieren kann, auch als Parteipolitiker. Anscheinend wollen Parteien und Wähler oft einfach nicht das Gleiche.

Die machtlose Partei

Franz Walter, der Parteienforscher aus Göttingen, hat eine kleine private Geschichte parat, als er eigentlich über die CDU sprechen soll. Ein Freund von ihm, ein emeritierter Professorenkollege, zog kürzlich in eine andere Stadt und meldete sich dort beim Ortsverein seiner Partei. Neugierig ging er zu einem der regelmäßigen Treffen. Er war der Jüngste dort, obwohl er mittlerweile auch schon 76 ist. Während der Sitzung musste er einmal die

Toilette aufsuchen. In der Zwischenzeit hatten die anderen ihn zum Schriftführer gewählt. Es gebe einfach niemanden, hörte er bei seiner Rückkehr, der das Amt sonst übernehmen könne.

Dieses Buch handelt nicht von der Krise der Parteien, weshalb wir uns diesem Thema hier nur mit ein paar Anmerkungen und Zahlen nähern. Diese Zahlen illustrieren allerdings, was Walters Freund erlebte: Das Parteileben der alten Bundesrepublik gibt es heute nicht mehr, das Wort »Volkspartei« hat seine alte Bedeutung längst verloren. Nur eine kleine Minderheit der unter Vierzigjährigen kennt überhaupt noch die Mischung aus Vereinsleben, Traditionspflege und Geselligkeit unter Gleichgesinnten, die lange Zeit die wichtigste Existenzberechtigung für Ortsvereine und Kreisverbände war.

Das Durchschnittsalter der CDU-Mitglieder lag im vergangenen Jahr bei 59 Jahren. Seit den 90er Jahren hat die CDU mehr als 320 000 ihrer ehemals 787 000 Mitglieder verloren, also mehr als 40 Prozent. In den vergangenen zehn Jahren schrumpfte die CDU um ein Viertel. In einer von zehn Kommunen können der Partei zustehende Posten beispielsweise in Stadträten oder Bezirksversammlungen aus Mangel an Personal nicht mehr besetzt werden.

In den Alltag von Normalbürgern strahlen Parteien immer seltener hinein, sie existieren zunehmend in einem Paralleluniversum, in dem man weiß, wie Antragskommissionen oder Satzungsänderungen funktionieren. Joschka Fischer und Gerhard Schröder haben sich noch gegen ihre Parteien profiliert, den Streit um Agenda-Reformen und Kriegseinsätze trugen Sozialdemokraten und Grüne öffentlich aus. In der Merkel-CDU gibt es vergleichbare Debatten nicht, was sich nicht allein dadurch erklärt, dass CDU und CSU immer schon weniger programmatischen Ehrgeiz und hatten als ihre linken Herausforderer.

Bei den großen inhaltlichen Kehrtwenden der vergangenen Jahre war die Partei nicht gefragt: Von der neuen Familienpolitik wurde die Partei überrumpelt, die Wehrpflicht wurde aus Haushaltsgründen abgeschafft. Als Merkel nach dem Reaktorunglück in Fukushima eine Energiewende in Deutschland ankündigte, veranstalteten die Grünen einen Sonderparteitag, nicht etwa die CDU. Zuletzt vollzog Merkel in der Euro-Politik eine Kehrtwende, als sie der Europäischen Zentralbank erlaubte, die Geldmenge auszuweiten, um damit die Schulden der südeuropäischen Staaten billiger zu machen. Auch bei dieser Entscheidung redete die Partei nicht mit.

Weil es auf die Partei nicht ankommt bei den großen Fragen, ist das Engagement dort noch weniger attraktiv geworden. Welcher akademisch gebildete, urbane Vollzeitbeschäftigte mit Kindern besucht heute noch regelmäßig einen SPD-Ortsverein oder den CDU-Kreisverband? Das schaffen nur wenige Exoten. Gerade die Menschen, die jemand wie Ursula von der Leyen typischerweise als Wähler gewinnen kann, sitzen eher nicht in Parteiveranstaltungen. Sie fahren auch nur selten als Delegierte auf Parteitage. Dort sitzen neben Menschen mit überdurchschnittlich viel freier Zeit vor allem Männer und Frauen, die öffentliche Ämter und parteinahe Berufe haben.

»Während Parteifunktionäre in der Gesellschaft insgesamt immer seltener werden, nimmt ihr Anteil bei Parteitagen und in den Parlamenten deutlich zu«, sagt Franz Walter. Die politischen Eliten rekrutieren ihren Nachwuchs immer stärker aus dem eigenen Apparat. Immer mehr neue Parlamentarier des Bundestags waren zunächst Mitarbeiter in einem Abgeordnetenbüro. Aus diesem Grund sind diejenigen, die heutzutage auf Parteitagen abstimmen, disziplinierter und pragmatischer denn je, sagt Walter. Auch deshalb habe die SPD ihren Kanzlerkandidaten Peer Steinbrück im Wahlkampf so loyal begleitet: Bei den engagierten Parteimitgliedern handele es sich zunehmend um Profis mit großem Interesse an Machterwerb und Machterhalt.

Das hat Folgen für alle, die sich um Parteiämter bewerben. Es ist wahrscheinlicher geworden, dass ganze Parteien sich strategisch verhalten. Der alte Gegensatz von der emotionalen, idealistischen Basis und dem kühl kalkulierenden Führungspersonal stimmt so nicht mehr. Auch Parteitage verstehen genau, wann es wirklich um etwas geht. Bei den Wahlen der stellvertretenden Parteivorsitzenden geht es um nichts. Die Posten haben keine praktische Bedeutung, die Vize-Chefs entscheiden nichts. Die Vorstellung, jemand wie Thomas Strobl rede bei der Ausrichtung der Partei maßgeblich mit, nur weil er stellvertretender Vorsitzender ist, ist lächerlich.

All das bedeutet, dass es für von der Leyen bis auf weiteres viel wichtiger ist, außerhalb der Partei beliebt zu bleiben, als in der Partei beliebter zu werden. Für eine Verteidigungsministerin ist das nicht einfach, solange sie einer widerstrebenden Bevölkerung erklären muss, dass die Bundeswehr international mehr leisten soll. Sollte von der Leyen jemals CDU-Kanzlerkandidatin werden, wäre sie für die Partei ein doppeltes Versprechen, ihr Auftrag wäre Modernisierung plus Machterhalt. Wichtig ist aber nur das Versprechen Nummer zwei.

Die Sozialdemokratin

Es gibt Politiker, die ihre Partei als Zuhause empfinden, als Wertegemeinschaft, Freundeskreis, Familie. Andere sehen sie eher als emotionsarmes Zweckbündnis, sie verhalten sich loyal, übernehmen Termine im Wahlkreis und besuchen die Parteigremien, machen das alles aber ohne große innere Anteilnahme. Ursula von der Leyen ist noch einmal ein anderer Fall. Ihre Geschichte mit der CDU ist auch die einer enttäuschten Liebe. Schließlich wurde sie dort mit offenen Armen empfangen. Gleich bei ihrem ersten Parteitag wurde sie mit 94 Prozent der Stimmen in das Parteipräsidium gewählt. Damals war von der Leyen die Zukunftshoffnung der Partei, was allerdings auf einer irrigen Annahme beruhte: dass die Tochter des CDU-Ministerpräsidenten Ernst Albrecht voller Verständnis für die westdeutsche CDU alter Prägung sein müsste.

Tatsächlich empfindet von der Leyen eine selbstverständliche Loyalität zur CDU. Die war die Partei ihres Vaters und wurde deshalb ihre, eine andere stand niemals zur Debatte. Einerseits. Andererseits haben gerade die Erfahrungen in ihrer Jugend sie mit einer großen Distanz zum politischen Betrieb ausgestattet.

Ursula »Röschen« Albrecht war siebzehn, als sich das Leben ihrer Familie schlagartig änderte. 1976 wurde ihr Vater Ministerpräsident. Es war die Zeit der RAF-Morde, nichts ging ohne Personenschutz, bewaffnete Polizisten marschierten um das Haus der Familie, ein Streifenwagen brachte von der Leyens jüngere Brüder morgens in die Schule.

Ursula, die Tochter des Ministerpräsidenten, muss wenig später aus Sicherheitsgründen Wohnort und Namen wechseln, sie zieht nach London. Wie schaut man auf die Politik, wenn man sie in jungen Jahren als existenzielle Bedrohung erlebt hat? »Man will nichts mit dieser Welt zu tun haben«, sagt Ursula von der Leyen. In die CDU tritt sie erst 1990 ein, mit 31 Jahren und gemeinsam mit zwei Brüdern. Als der Vater abgewählt wurde, entschlossen die Kinder sich spontan zu diesem Schritt – weniger als politisches Bekenntnis denn aus Familiensolidarität.

Während des Studiums in Göttingen und als junge Ärztin hält Ursula von der Leyen sich von allen politischen Organisationen fern. Erst hat sie keine Lust auf Politik, dann, als junge berufstätige Mutter, fehlt ihr die Zeit. Ihr Mann Heiko, den sie im Chor der Medizinischen Hochschule in Hannover kennenlernt, ist politisch aktiver als sie: Er ist Mitglied der SPD und gehört zu einer linken Hochschulgruppe. Auf seinem Auto klebt ein Anti-Atomkraft-Sticker, was Ernst Albrecht, der Wegbereiter des

Atomendlagers in Gorleben, als ziemlichen Affront verstanden haben muss. Dass Heiko von der Leyen sich auch gegen Franz Josef Strauß engagierte, mag ihm besser gefallen haben. Strauß war schließlich sein innerparteilicher – und siegreicher – Konkurrent um die Kanzlerkandidatur.

Heiko von der Leyen trat dann irgendwann aus der SPD aus, aber seine Frau wurde irgendwann sozialdemokratischer. In ihrer Zeit als Arbeitsministerin haben sogar die Kinder einmal gefragt:»Mama, warum bist du eigentlich in der CDU?« Erst im Familien-, dann auch im Arbeitsministerium war, wie bereits erwähnt, mit Malte Ristau ein gestandener Sozialdemokrat einer ihrer wichtigsten Berater. Eine ganz ungewöhnliche Berufung, weil Schlüsselpositionen wie die Grundsatzabteilung eines großen Ministeriums selten mit Parteigängern der Opposition besetzt werden, egal wie kompetent und unentbehrlich sie als Fachleute sind. Und als Arbeitsministerin musste von der Leyen gemeinsam mit der FDP Politik gestalten. Vorher in ihrer Zeit als Familienministerin koalierte die CDU noch mit der SPD.

Auf einer Amerika-Reise sitzt von der Leyen einmal bei einem Abendessen mit Vertretern einer Südstaaten-Universität zusammen und soll von Deutschland erzählen. Die versammelten Professoren wissen wenig über deutsche Politik. Erst wollen sie wissen, ob Merkel sich denn als Präsidentin wiederwählen lassen werde. Dann erkundigen sie sich, zu welcher Partei sie, Ursula von der Leyen, denn gehöre. Sie sei in der CDU, antwortet von der Leyen freundlich und schiebt als Erklärung nach:»Die ist so, wie wenn man in Amerika bei den Demokraten ist.« Bei einer anderen Amerika-Reise erzählt sie deutschen Journalisten beim Mittagessen ganz locker, wie sehr sie sich über die Wahl von Barack Obama zum Präsidenten freue. So etwas macht nur von der Leyen. Offiziell paktiert ihre Partei schließlich mit den Republikanern.

Wie Angela Merkel hat auch Ursula von der Leyen die CDU erst als Mittdreißigerin wirklich kennengelernt. Beide sind Zugereiste, die eine kam aus dem Osten, die andere aus dem Westen, aus Kalifornien. Beide kennen ein Leben ohne Politik. Beiden ist die Ochsentour durch die Partei erspart geblieben. Bis heute hält von der Leyen wenig von Politikerbiografien wie der von Kristina Schröder, bei der wie im Zeitraffer Junge Union, Hörsaal und Plenarsaal aufeinanderfolgen. Wenn eines ihrer Kinder unbedingt schon in jungen Jahren Berufspolitiker werden wollte, fände sie das nicht gut. Sie glaubt, dass zu einem guten Politiker Lebenserfahrung gehört – und ein Beruf, auf den man notfalls zurückgreifen kann. Sie glaubt, dass am Ende sogar eine Partei von der Unabhängigkeit ihrer Mandatsträger profitiert. Doch der Preis, den sie dafür zahlt, ist, dass ihr oft Verbündete fehlen.

Im Herbst 2005, nach Angela Merkels Wahl zur Bundeskanzlerin, kommt von der Leyen ohne politisches Netz nach Berlin. In ihrer ersten Legislaturperiode als Ministerin hat sie nicht einmal ein Bundestagsmandat, was es ihr erleichtert, einen Teil ihrer Arbeit zu Hause zu erledigen, in der Nähe ihrer Kinder. Das entfernt sie allerdings auch von den Abgeordneten, die ihre Gesetze beschließen sollen. In der Fraktion hat sie wenig Fans. Vielen passt die ganze neue familienpolitische Richtung nicht. Andere, die inhaltlich eher auf ihrer Linie sind, hielten sich selbst für ministrabel.

Nicht einmal bei den Niedersachsen in Berlin kann von der Leyen auf viel Unterstützung hoffen. Zwar wird Wolfgang Gibowski, der Chef der niedersächsischen Landesvertretung in Berlin, ein Berater von der Leyens. Das ist viel wert, Gibowski ist einer der Gründer der Forschungsgruppe Wahlen und weiß viel darüber, wann und wie sich politische Stimmungen ändern – und wie ein Politiker sie nutzen kann. Er darf sie »Röschen« nennen wie ihr Vater, er setzt sich mit ihr zusammen, bevor sie an Wahlsonntagen abends in Fernsehrunden die Ergebnisse kommentiert. Oft treibt er sie auch an, mahnt am Telefon: »Röschen, jetzt warst du schon seit drei Tagen nicht in der Presse.« Doch darüber hinaus hat von der Leyen wenige politische Freunde in Berlin. Sie hat auch wenig Zeit, welche zu finden. Viele Abgeordnete glauben, die Ministerin halte sich für etwas Besseres. Normalerweise ist es für jeden Politiker wichtig, in der Landesgruppe der Fraktion Vertraute zu haben. Deren Vorsitzende treten nach außen kaum in Erscheinung, sie haben aber viel Macht. In der sogenannten »Teppichhändlerrunde« klären sie, wer wann welche Posten bekommt. So ist es für die politische Karriere oft entscheidend, zu welchem Landesverband jemand gehört. Wichtige Jobs werden immer noch streng nach Regionalproporz vergeben. Kristina Schröder beispielsweise kam vor allem deswegen ins Kabinett, weil sie zum hessischen Landesverband gehörte. Zuvor war Franz Josef Jung ausgeschieden, Arbeitsminister und ebenfalls Hesse. Der hessische Landesverband wollte wieder im Kabinett vertreten sein. Merkel gibt solchen Ansprüchen in der Regel nach. So wurde Schröder Familienministerin, obwohl ihr Fachgebiet bis dahin die Innenpolitik war. Und von der Leyen wechselte ins Arbeitsministerium.

Sie hat ihren Aufstieg bisher trotz, nicht wegen solcher ungeschriebenen Gesetze des Politikbetriebs gemacht. Sie hat um Mehrheiten in der Gesellschaft geworben, nicht um Mehrheiten in der Partei. Sie hat die Medien für ihren Aufstieg genutzt, nicht die Runde der Teppichhändler. Sie hat selber Themen gesetzt, statt um Erlaubnis zu fragen. Das ging lange gut, weil Merkel von der Leyen stets aufgefangen hat. Doch wenn von der Leyen tatsächlich Kanzlerkandidatin werden will, kann sie nicht darauf vertrauen, dass ihre Chefin es schon richten wird. Solange Merkel in der Lage ist, alle zentralen Entscheidungen zu fällen und das Personal für die Zeit nach ihrer Kanzlerschaft zu bestimmen, solange kann sie auch gleich selber bleiben.

Es gibt einige Menschen in der CDU, denen Ursula von der Leyen vertraut und auf die sie hört. In ihren ersten Berliner Jahren war das die damalige Bildungsministerin Annette Schavan, später Thomas de Maizière, der damals noch Chef des Kanzleramts war und erst später zum Konkurrenten wurde. Inzwischen hat das Wort von Peter Hintze besonderes Gewicht. Der 64-jährige Theologe und ehemalige CDU-Generalsekretär, der auch zu Merkels Vertrauten gehört, ist offiziell Vizepräsident des deutschen Bundestags. Informell ist er eine Art Seelsorger für schwierige CDU-Fälle: Er stand Ex-Bundespräsident Christian Wulff öffentlich bei, als niemand aus der Partei mehr mit ihm aufs Foto wollte. Er half Philipp Mißfelder, als der wegen pro-russischer Positionen in der Fraktion in Misskredit geriet. Und er stand von der Leyen bei, als sie auf dem CDU-Parteitag 2012 in Hannover zum ersten Mal ein schlechtes Ergebnis kassierte. Damit sie nach der Wahl der stellvertretenden Parteivorsitzenden nicht mutterseelenallein auf der Promi-Tribüne saß und so von Fernsehteams gefilmt wurde, setzte sich Hintze demonstrativ neben sie, man sah die beiden lange miteinander sprechen. Auch nach der dem schlechten Ergebnis in Köln fragte von der Leyen ihn um Rat. Der ist ganz einfach: Mehr auf die Partei zubewegen, weniger allein marschieren.

Es gibt ein paar Anzeichen dafür, dass von der Leyen mittlerweile genau das macht. Ende Januar 2015 reiste sie in einen Münchner Vorort und hielt vor zweihundert Frauen in Emmering einen Vortrag über Sicherheitspolitik. Eingeladen hatte die Kreisfrauenunion von Fürstenfeldbruck, für eine Verteidigungsministerin mit CDU-Parteibuch wahrlich kein Pflichttermin. Doch Fürstenfeldbruck ist der Wahlkreis von Gerda Hasselfeldt, der unauffälligen, aber mächtigen und von Merkel, Seehofer und Kauder geschätzten Landesgruppenchefin der CSU. Solche Kontakte zu pflegen schadet nicht.

Wahlkreisbesuche sind im politischen Geschäft wichtige Gesten, Politiker zeigen einander ihre Wertschätzung damit. Schließlich will jeder Abgeordnete seine Parteibasis und seine Wahlkreismitarbeiter zufriedenstellen. Und die wünschen sich gut besuchte Veranstaltungen mit interessanten Gästen. Wenn man also einem Parlamentskollegen helfen möchte, nimmt man solche Termine an. Hasselfeldt hat oft Kabinettsmitglieder in Fürstenfeldbruck zu Gast.

Dann gibt es noch Franz Josef Jung, den ehemaligen Verteidigungs- und Arbeitsminister, dem von der Leyen zweimal ins Amt gefolgt ist – einmal indirekt, einmal unmittelbar. Er bekam nach dem Kölner CDU-Parteitag im Dezember 2014 einen neuen Posten: Fraktionsvize mit Zuständigkeit für Sicherheitspolitik. Er gehört damit zu den drei, vier Außen- und Sicherheitspolitikern der CDU, die außerhalb einer Fachwelt wahrgenommen werden. Bis dahin galt Jung, der wegen der Kundus-Affäre als Arbeitsminister zurückgetreten war, vor allem als Gescheiterter. Doch so bekam der Hesse mit 65 noch einmal eine neue Chance. Viele kommentierten diese Personalie sehr hämisch, behaupteten, von Jung sei nicht viel zu erwarten. Doch von der Leyen lobt Jung, wo sie kann. Sie freut sich, wenn er zu Feiern der Bundeswehr kommt. Sie lobt, dass er alte Kontakte zu den Generälen pflegt. Sie sagt sogar, sie schätze seinen Rat.

Dabei steht Jung für vieles, was von der Leyen an ihrer Partei nicht behagt: Er gehört zur konservativen Hessen-CDU, ist ein Parteisoldat und Vertrauter des früheren Ministerpräsidenten Roland Koch und seines Nachfolgers Volker Bouffier. Aber genau deswegen ist er wertvoll für sie, sie braucht Leute wie ihn. Er könnte helfen, die Modernisiererin der CDU mit den Konservativen in der Partei zu versöhnen. Und damit ihre Macht vergrößern.

7 FRAUEN

»Sind Sie eigentlich eine Feministin?«
»Nein, ich glaube nicht.
Muss ich das denn sein?«

Ursula von der Leyen auf eine Frage
der TV-Journalistin Maria von Welser

Seit die Bundeskanzlerin ihr das Verteidigungsministerium anbot, macht Ursula von der Leyen wieder Politik wie in ihrer Anfangszeit: Sie selbst, Chefin im männlichsten aller Ressorts, präsentiert sich als politisches Ereignis. Früher sollten Familienbilder der siebenfachen Mutter mit Ministeramt der Welt zeigen: Schaut her, Frauen können mehr, als ihnen zugetraut wird. Heute sollen Fotos von Truppenbesuchen beweisen: Auch Frauen können Militär. Nicht nur als Soldatin, sondern auch als Chefin.

Für viele ist das allein schon gewöhnungsbedürftig. Trotzdem hat von der Leyen denen, die Kriege für Männersache halten und mit Bildern von bewaffneten Frauen zumindest fremdeln, nicht viel erspart. Sie warb gleich zu Beginn ihrer Amtszeit für Kitas und Teilzeitstellen bei der Bundeswehr, Angebote, die vor allem Frauen nutzen. Sie forderte Frauenquoten für Teile der Streitkräfte. Sie stellte eine alleinerziehende, lesbische Mutter von zwei kleinen Kindern als Rüstungsstaatssekretärin ein. Außerdem nahm sie Vertreterinnen von Frauenzeitschriften zu einem Besuch bei Marinesoldaten in Dschibuti und Beirut mit. Die Nachrichtenagentur dpa, die ebenfalls einen Vertreter mitschicken wollte, bekam einen Korb.

Ursula von der Leyen macht Geschlechterpolitik, gleichgültig, welches Amt sie gerade hat. Als Familienministerin hat sie Vätermonate eingeführt, als Arbeitsministerin hat sie für eine gesetzliche Frauenquote gekämpft, gegen den Willen ihrer Kabinettskollegin Kristina Schröder, was viele in der CDU ihr bis heute übel nehmen. Nun ist sie IBUK, Inhaberin der Befehls- und Kommandogewalt, wie es im Militärjargon heißt, und erklärt ihren Offizieren mit mütterlicher Strenge, was sie in ihren früheren Ämtern verinnerlicht hat: Nein, Frauen werden nicht allein deswegen aufsteigen, weil sie gut ausgebildet sind – das sind sie seit Jahrzehnten. Meistens erzählt sie an dieser Stelle von den vielen klugen Medizinstudentinnen, mit denen gemeinsam sie selbst einst Examen machte. Und, fragt sie dann, wie viele Chefärztinnen oder Oberärztinnen kennen Sie denn so?

Warum sind Frauenthemen für Ursula von der Leyen wichtig? Ihre Vorstöße hatten immer einen Preis. Arbeitgeberpräsident Dieter Hundt rief einmal sogar Angela Merkel zu Hilfe mit den Worten:»Frau Bundeskanzlerin, stoppen Sie diese Frau!« Beim Streit um die Einführung einer gesetzlichen Frauenquote löste von der Leyen fast eine Regierungskrise aus.

Die Supermuttertochter

Düsseldorf, am 5. Dezember des Jahres 2004. Fast tausend Delegierte des CDU-Parteitags sind an diesem Abend nicht bei ihren Familien, sie strömen aus einem großen Saal der Düsseldorfer Messe. Die wichtigsten Reden sind gehalten, die Wahlen für die Führungsposten sind vorbei, nun rücken die Helfer Stühle und Tische für den Parteiabend zurecht. In einer Ecke haben sich ein paar Journalisten niedergelassen, als plötzlich Angela Merkel mit ihrer Büroleiterin Beate Baumann durch den Raum schlendert und sich spontan zu den Presseleuten setzt.

Merkel hat damals nur einen Bruchteil ihrer heutigen Macht. Sie teilt sich die Rolle als Oppositionsführerin noch mit ihrem Vorgänger Friedrich Merz, der sich bloß widerstrebend mit der Rolle des stellvertretenden Fraktionsvorsitzenden zufriedengibt. Edmund Stoiber durfte bei der vorangegangen Wahl als Kandidat der Union antreten, nicht Merkel. In den Ländern regieren selbstbewusste CDU-Ministerpräsidenten: Roland Koch, Jürgen Rüttgers, Christian Wulff und Peter Müller.

Merkel ist an diesem Tag mit 88 Prozent der Stimmen zum zweiten Mal zur Parteivorsitzenden gewählt worden, ihre Laune ist blendend. Bevor der Parteiabend beginnt, will sie schnell noch eine Anekdote loswerden, eine kleine heitere Gemeinheit. »Wissen Sie«, hebt Merkel an, »mir ist ja sehr bewusst, was einige in meiner Partei so reden: Die sagen, selbst die deutsche Bischofskonferenz habe mehr Kinder als die Frauen aus dem CDU-Präsidium.« Die Journalisten gucken amüsiert, aber die Parteichefin ist ihre Pointe noch gar nicht losgeworden. »Aber jetzt«, fährt sie fort und schaut triumphierend in die Runde, »jetzt haben wir die Ursula von der Leyen. Und die reißt uns da statistisch alle wieder raus.«

Am Nachmittag hatte sich Ursula von der Leyen den Delegierten mit nur drei Sätzen vorgestellt: »Mein Name ist Ursula von der Leyen. Ich bin Sozialministerin in Niedersachsen. Mein Mann und ich haben sieben Kinder.« So machen das hier alle, die gewählt werden wollen.

Für die damals 47-jährige niedersächsische Sozialministerin ist es der erste Parteitag ihres Lebens. Als Jugendliche hat sie ihren Vater ein paarmal zu CDU-Veranstaltungen begleitet, aber das ist lange her. Nun ist sie mit ihrer Pressesprecherin Iris Bethge aus Hannover angereist, beide sind aufgekratzt und ein bisschen nervös. Während des Parteitags wird entschieden, dass der CDU-Sozialpolitiker Hermann-Josef Arentz wegen eines Korruptionsvorwurfs nicht wieder für das Parteipräsidium kandidiert. Nun wird schnell Ersatz gebraucht. Als Friedrich Merz von der Leyen überraschend bittet einzuspringen, muss sie ihn fragen, wie das denn vor sich gehe und was sie tun müsse. Merz sagt nur, sie solle es halt so machen wie die anderen Kandidaten vor ihr auch.

Wenig später wählt der Parteitag Ursula von der Leyen mit 94,1 Prozent ins Präsidium. Nur Wolfgang Schäuble bekommt an diesem Tag ein besseres Ergebnis. Christian Wulff, damals noch niedersächsischer Parteichef, nennt seine Entdeckung begeistert den »Star am Himmel der Bundes-CDU«. Für ihre Partei, die sich gerade personell und inhaltlich erneuert, ist von der Leyen damals vor allem ein Versprechen, eine verlockende Kombination aus Aufbruch und Tradition.

Sie hat in Kalifornien, London und Brüssel gelebt, wohnt aber jetzt nur ein paar Kilometer von ihrem alten Elternhaus entfernt und verehrt ihren Vater, den erfolgreichen CDU-Ministerpräsidenten. Sie lobt den deutschen Sozialstaat, will ihn aber mit einer Radikalreform in der Gesundheitspolitik zurechtstutzen. Sie zeigt in Illustrierten ihr bürgerliches Familienleben mit Hauskonzert und Tischgebet vor, will aber die staatliche Kinderbetreuung für Kinder unter drei Jahren ausweiten. Sie hat CDU in ihrer DNA – und trotzdem schon die Vätermonate im Kopf. Das wissen die Delegierten zu diesem Zeitpunkt allerdings noch nicht.

In Deutschland ist damals, in den Jahren nach der Jahrtausendwende, viel von Geburtenrückgang und Kindermangel die Rede. Der *FAZ*-Herausgeber Frank Schirrmacher warnt in seinem weltweiten Bestseller *Das Methusalem-Komplott* vor den Folgen der Alterung, der *Economist* ruft das »Jahr der Demografie« aus. *Bild* hämt auf einer Titelseite über prominente Fernsehmoderatorinnen, die keine Kinder haben. Eine Familie mit zwei Kindern zu gründen gilt fast schon als mutig. Prominente mit sieben Kindern – die noch dazu alle vom selben Partner stammen – gibt es in der deutschen Öffentlichkeit nicht.

Dafür aber viele düstere Berichte: Die niedrige Geburtenrate in Deutschland wird international nur noch von der in Japan unterboten, etwa 40 Prozent der Akademikerinnen unter vierzig sind kinderlos. Die Infrastruktur für berufstätige Eltern in Westdeutschland ist schlechter als in den meisten Nachbarländern. Es

gibt kaum Kita-Plätze für unter Dreijährige und wenige Ganz-
tagsschulen. Weniger als die Hälfte aller Frauen mit Kindern
unter 18 Jahren sind berufstätig. Selbst die jüngeren Mütter des
Jahrgangs 1970 setzten nach der Geburt ihres ersten Kindes im
Schnitt 13 Jahre aus, ermittelt das Wissenschaftszentrum Berlin.
Ursula von der Leyen kennt die Probleme berufstätiger Mütter. Als sie mit 29 ihr erstes Kind David zur Welt bringt, ist sie
frisch approbierte Ärztin an der Universitätsklinik in Hannover. Ihr Mann, junger Arzt wie sie, wird beglückwünscht. Bei
ihr sind die Reaktionen gemischt. Einige Kollegen gehen selbstverständlich davon aus, dass sie für aufreibende Forschungs-
projekte, die nur in Teamarbeit zu bewältigen sind, nicht mehr
zur Verfügung steht. Wie viele andere junge Eltern hat sie das
Gefühl, weder ihrem Beruf noch ihrer Familie gerecht zu werden. Denn gleichzeitig muss sie ständig erklären, warum sie
überhaupt im Krankenhaus ihrer Arbeit nachgeht. »Warum be-
kommst du ein Kind, wenn du gar nicht bei ihm sein willst?«,
fragen sogar Freundinnen.

Vor allem von der Leyens Mutter findet, die Tochter solle sich
um ihren kleinen Sohn David kümmern. Sie beobachtet ihre
Tochter mit gemischten Gefühlen, sie versteht ihren beruflichen
Ehrgeiz und hält ihn gleichzeitig für unangemessen. Heidi Adele
Albrecht war bei ihrer Hochzeit mit dem zwei Jahre jüngeren
Ernst Albrecht promovierte Germanistin und verdiente ihr eigenes Geld als Journalistin. Nach der Geburt des ersten Sohnes
gab sie ihren Beruf auf. Sie kümmerte sich um die Familie und
übernahm später viele Ehrenämter. Als Ernst Albrecht abgewählt wurde, hat das seine Frau weitaus mehr mitgenommen als
ihn selbst. »Sie hat die Zeit als Landesmutter geliebt und wurde
schlecht damit fertig, dass dieser Abschnitt ihres Lebens plötzlich endete«, sagt Ursula von der Leyen. Diese Erfahrung ihrer
Mutter habe sie mindestens so beeinflusst habe wie der Erfolg
ihres Vaters.

Sie macht eine ganz andere Erfahrung, als sie 1992 mit ihrem Mann Heiko und drei kleinen Kindern nach Kalifornien zieht. An der renommierten Stanford-Universität, an der ihr Mann mit einem Stipendium der Deutschen Forschungsgemeinschaft vier Jahre lang arbeitet, gehen alle davon aus, dass hoch qualifizierte Eltern durch Kinder nicht von der Karriere abgehalten werden, sondern dass ihr Leben reicher wird. Das Ehepaar von der Leyen lernt viele Paare kennen, die nie auf die Idee kämen, sich zwischen Familienleben und Wissenschaft zu entscheiden. Nach David, Sophie und Donata kommen in Amerika noch die Zwillinge Victoria und Johanna zur Welt. Die Geburt wird vom Umfeld begeistert aufgenommen, und wenn die Eltern mit ihrer Kinderschar unterwegs sind, hören sie häufig den Satz: »You are blessed«, ihr seid gesegnet. Das Geld ist knapp in dieser Zeit, aber Ernst Albrecht zahlt einen Zuschuss für eine Babysitterin, und von der Leyen belegt Kurse als Gasthörerin. Sie lernt die Stars der Gesundheitssystemforschung kennen, ist begeistert vom Fach Public Health.

Es ist das zweite Mal, dass Ursula von der Leyen die Erfahrung macht, dass im Ausland bessere Bedingungen für berufstätige Eltern herrschen. Als Kind hat sie in Brüssel eine Ganztagsschule besucht, die sie im Nachhinein als Segen für das Familienleben empfindet – wie auch ihre konservativen Eltern. In der Europa-Schule, die von der Leyen sieben Jahre lang besucht, lernen die Albrecht-Kinder vom ersten Schultag an Französisch, sie essen dort zu Mittag, machen Hausaufgaben und treiben am Nachmittag Sport oder gehen zum Musikunterricht. Danach, zu Hause, haben sie freie Zeit. Die Eltern müssen sich nicht mehr mit Diktaten oder Matheaufgaben beschäftigen.

Heidi Adele Albrecht stöhnt über das deutsche Schulsystem, als die Familie im Jahr 1971 von Belgien nach Hannover zieht und vier Grundschulkinder ständig zu unterschiedlichen Zeiten in die Schule gebracht und abgeholt werden müssen. Selbst die konservativen Albrecht-Eltern glauben anschließend nicht mehr, dass umfassende staatliche Kinderbetreuung das Familienleben zerstört. In der CDU sehen das damals viele noch ganz anders. Allerdings baut Albrecht trotzdem die staatliche Kinderbetreuung in Niedersachsen nicht aus, im Gegenteil. Im Flächenstaat gibt es besonders wenige Kita-Plätze. Bis heute ist die Qualität der Kinderbetreuung dort schlechter als in den meisten anderen Bundesländern, Erzieher müssen sich um besonders große Gruppen kümmern.

Später, als Sozialministerin in Niedersachsen, knüpft von der Leyen an ihre Auslandserfahrungen an. Sie richtet im Ministerium ein Besucherzimmer ein für Eltern, deren Kinderbetreuung ausgefallen ist und die Söhne oder Töchter mitbringen wollen. Ihre Zwillinge kommen regelmäßig nach der Schule direkt ins Ministerium. Leyens Staatssekretär Gerd Hoofe erinnert sich heute noch daran, dass die Zwillinge einmal wöchentlich ein paar Zimmer weiter auf Bratsche und Cello für den Musikunterricht übten. An anderen Tagen nimmt von der Leyen Akten nach Hause mit, sie sitzt damit zwischen ihren Kindern, alle machen gemeinsam »Hausaufgaben«.

Ihr Start als Ministerin in Hannover ist nicht leicht. Die Arbeitslosenzahlen sind bedrohlich hoch, der Staat hat wenig Geld, von der Leyen muss Kürzungen im Etat hinnehmen und unter anderem das Blindengeld streichen. Das führt zu harten Protesten, später wird das Gesetz wieder kassiert. Niedersächsische Sozialdemokraten sprechen heute noch davon.

Doch jenseits der Landesgrenzen wird die Ärztin mit den vielen Kindern und der Klavierlehrerinnen-Frisur vor allem als Frau wahrgenommen, die ein neues Familienmodell lebt und propagiert – eine irritierende Mischung aus Kindern, Kirche und Karriere. Allerdings hat von der Leyen damals noch kein Konzept dafür, wie sich die deutsche Familienpolitik ändern lässt. Sie redet in dieser Zeit häufig mit dem Ökonomen Stefan

Homburg, einem Finanzwissenschaftler aus Hannover. Es ist eine Zeit, in der Politiker und Ökonomen ständig Sozialreformen fordern. Die SPD hat mit ihrer Agenda 2010 den Arbeitsmarkt und die Rentenversicherung reformiert, die Union arbeitet an Umbauplänen für die gesetzliche Krankenversicherung. Ursula von der Leyen gehört zur sogenannten Herzog-Kommission, die dafür Vorschläge entwickeln soll.

Auch die Familienpolitik müsse generalüberholt werden, sagt Homburg. Vor allem müsse verhindert werden, dass Mütter zu lange vom Arbeitsplatz fernbleiben. Von der Leyen leuchtet das ein, sie will kein Entweder-oder, sondern ein Sowohl-als-auch. »Wenn Frauen sich entscheiden müssen zwischen Job und Kindern, werden sie den Job wählen«, sagt sie oft. Sie redet jetzt ständig über Skandinavien und Frankreich, wo Frauen häufiger berufstätig sind und dennoch mehr Kinder bekommen. Heute kennt diese Statistiken jeder, damals war das für viele noch neu.

Als von der Leyen schließlich 2005 in die Bundesregierung berufen wird, liegt im Ministerium alles für einen Neuanfang bereit. Die neue Ministerin kann Konzepte ihrer SPD-Vorgängerin Renate Schmidt übernehmen, und sie stößt auf Ministerialbeamte, die Familienpolitik strategisch angehen wollen, vor allem Malte Ristau und seine Stellvertreterin Petra Mackroth. Ristau, der in Bonn und Berlin 16 Jahre in der SPD-Parteizentrale gearbeitet hat, ist nicht nur Fachbeamter, sondern vor allem ein politischer Kopf. Für ihn ist Familienpolitik das Thema, mit dem Parteien die Mitte der Gesellschaft erreichen und Wahlen gewinnen. Er will nicht nur Gesetze verändern, sondern auch Stimmungen, er glaubt, dass Politiker für ihre Reformen Verbündete suchen müssen, und organisiert einen engen Austausch mit Vertretern der Kirchen, Wirtschaftsverbände, Gewerkschaften. Mit Kommunen und Handelskammern werden überall in Deutschland »Bündnisse für Familien« gegründet, außerdem arbeitet das Ministerium nun eng mit Meinungsforschern wie

Renate Köcher vom Allensbach-Institut zusammen. Sie erstellen regelmäßig Studien, die der Öffentlichkeit präsentiert werden. Auch die Zusammenarbeit mit Wissenschaftlern wird intensiviert. Familienökonomen sollen alle finanziellen Leistungen für Familien systematisch evaluieren. Hans Bertram, Soziologieprofessor an der Berliner Humboldt-Universität, liefert mit anderen Forschern das theoretische Fundament für die Neuausrichtung der Familienpolitik. Von ihm übernimmt von der Leyen den Begriff von der »Rush Hour des Lebens«, jener begrenzten Lebensphase zwischen Mitte zwanzig und Mitte vierzig, in der jungen Paaren nach offizieller Lesart alles auf einmal gelingen soll: Karriere, Familiengründung, oft auch noch die Pflege alter Eltern. Bertram spricht von einer »überforderten Generation«.

Die neue Familienministerin, die gerade noch selbst die Universität für ein Aufbaustudium besucht hat, will möglichst jeden ihrer Vorschläge durch empirische Daten und Studien untermauern, sie sucht klare, unanfechtbare Argumente. Gleichzeitig sorgt sie für viel Verwirrung, weil sie gängigen Klischees nicht entspricht. »Früher dachte man bei Feminismus an behaarte Frauenbeine, jetzt kommt er im hellblauen Kostümjäckchen daher«, schreibt ein *Stern*-Reporter. Lange standen sich in Deutschland linke Emanzipationspolitiker und konservative Familienpolitiker unversöhnlich gegenüber und unterstellten einander Egoismus beziehungsweise Spießertum. In Gerhard Schröders rot-grüner Regierung sitzen 68er, die gegen die Generation der Nazi-Väter rebellierten – Männer wie Joschka Fischer, der einmal bekannte, er habe sich in weiter Ferne von seiner Familie immer am wohlsten gefühlt.

Allerdings ändert sich etwas. In den Großstädten laufen neuerdings junge Männer in Anzügen mit Babytragen durch die Straßen. In Stadtteilen wie dem Berliner Prenzlauer Berg oder Hamburg-Eimsbüttel parken morgens teure Dienstwagen vor den Kitas, weil immer mehr männliche Akademiker Wert darauf legen, viel Zeit mit ihren Kindern zu verbringen. In den

Kinos läuft der Film *About a Boy*, in dem Hugh Grant einen Mann spielt, der von einem kleinen Jungen zu einem weniger egozentrischen Leben bewogen wird. Die Ära der coolen Dads beginnt.

Von der Leyen ist das politische Gesicht für diesen Trend. Und mit ihr ändert sich auch die Tonlage in der Familienpolitik: Plötzlich sind Kinder kein Armutsrisiko, sondern ein Glücksversprechen. Männer, die Kinderwagen schieben, sind beneidenswert. Alleinerziehende sind keine soziale Randgruppe, sondern überdurchschnittlich qualifizierte und besonders motivierte und loyale Arbeitnehmerinnen – wenn sie denn dank funktionierender Betreuungsangebote die Chance haben, berufstätig zu sein. Die Geburtenrate soll nicht deshalb steigen, weil die Deutschen sonst aussterben würden, sondern damit mehr Menschen sich ihre vorhandenen Kinderwünsche erfüllen können.

In den Talkshows und den Feuilletons ist zu diesem Zeitpunkt aus der Altersdebatte eine Angstdebatte geworden, und Talkrunden über den Geburtenmangel wirken wie Verhütungsmittel, weil es immer nur darum geht, wie schwierig das Leben mit Kindern ist. Von der Leyen ist nicht geschaffen für Apokalypse. Sie lächelt und lächelt, spielt immer Dur, nie Moll.

Längst nicht allen Frauen gefällt dieser Stil. Viele fühlen sich dadurch provoziert, dass von der Leyen das Leben mit Kindern und Beruf leichter und unbeschwerter aussehen lässt, als es nach ihrer Erfahrung ist. Hilfe, ich bin schon mit Teilzeitstelle und zwei Kindern oft müde, gestresst und gereizt, heißt es häufig. Wann genau kauft die eigentlich mit ihren Kindern Schuhe?, fragen andere. Wie viel bekommt sie überhaupt noch vom Alltag ihrer Kinder mit?

Andere haben zwei Kinder, sie hat sieben. Andere sind schlank, sie hat Kleidergröße 34. Andere arbeiten bis spät in den Abend, sie wohnt an Werktagen im Ministerium. »Meine Eltern«, sagt eine ihrer Töchter einmal zu einer Mitarbeiterin, »müssen irgendwie immer alles übertreiben.«

Auch bei den Frauenpolitikern und -politikerinnen der Union, eigentlich unverzichtbare Verbündete für jede Frauenministerin, ist die Zustimmung nicht ungebrochen. Schon die letzte erfolgreiche Familienministerin der Union, Rita Süssmuth, war eine Quereinsteigerin, eine Professorin ohne Hausmacht, die an den Fachpolitikerinnen vorbeizog und in Politiker-Beliebtheitsumfragen jahrelang den ersten Platz belegte. Das Muster wiederholt sich jetzt, und das finden nicht alle in der Frauenunion gut. Jahre später, als Ursula von der Leyen Arbeitsministerin ist und eine Rentenreform plant, bekommt sie zu spüren, dass ihr die Unterstützung der Frauen auf Parteitagen fehlt. Die Frauenunion kämpft für die Mütterrente, ein teures Konzept für ältere Frauen, das Kindererziehung unabhängig von der Einkommenssituation der Frauen honorieren soll. Von der Leyen will Geld, um die Altersarmut zu verringern. Die Frauenunion gewinnt.

Noch lauter murren einige Männer. Als die Große Koalition die Vätermonate beschließt, lästert Peter Ramsauer von der CSU über das »Wickelvolontariat«. in diese Zeit fällt auch Bischof Mixas Vorwurf, von der Leyen wolle aus Frauen »Gebärmaschinen« machen. Andere behaupten, von der Leyen wolle die DDR wiedererwecken. CSU-Abgeordnete im Bundestag fordern in einer Resolution die Rückkehr zum traditionellen Familienbild. Dem damaligen bayrischen Ministerpräsidenten Edmund Stoiber wird nachgesagt, er habe, als von der Leyen mehr Kinderkrippen forderte, im ersten Moment tatsächlich an die heilige Familie und Weihnachtsaufführungen gedacht.

Damals passiert in kurzer Zeit sehr viel: Die Große Koalition beschließt das Elterngeld, die Vätermonate, den Kita-Ausbau, auch Unternehmen bieten mehr und mehr Kinderbetreuung für den Nachwuchs ihrer Mitarbeiter an. Von der Leyen gehört innerhalb weniger Monate zu den bekanntesten Politikern, sie

gibt ständig Interviews und nennt ihr Haus jetzt »Querschnitts-
ministerium«. Das soll bedeuten, dass sie sich das Recht heraus-
nimmt, neben der Familien- auch die Sozial-, Bildungs- und Fi-
nanzpolitik aufzumischen. Im Kanzleramt staunt man über ihre
forsche Art. »Es gibt Minister, die gehen keinen Meter ohne Rü-
ckendeckung«, sagt ein Merkel-Vertrauter. »Aber Ursula von der
Leyen marschiert ständig auf eigene Rechnung los.«

Die Union zieht in Umfragen zur familienpolitischen Kompetenz an der SPD vorbei, sie ist keine Altherrenveranstaltung
mehr, auch keine Hausfrauenpartei. Die Kanzlerin will diesen
Wandel. Von der Leyen ist ihre Galionsfigur.

Die Frauenpolitikerin

Im Jahr 2007 veröffentlicht Ursula von der Leyen gemeinsam mit
der Fernsehjournalistin Maria von Welser vom ZDF ein Buch mit
dem Titel *Politik für Frauen*. Es besteht teilweise aus Interviews, in
einem fragt von Welser, ob von der Leyen sich für eine Feministin hält. »Nein, ich glaube nicht«, antwortet sie und fragt zurück:
»Muss ich das denn sein? Ich bin eher ein leidenschaftliches Fa-
milientier.« Über die Frauenquote sagt sie damals: »Ich bin der
Meinung, dass es in der Wirtschaft schon nicht mehr notwendig
ist, eine Quote einzuführen, denn der Druck auf dem Arbeitsmarkt ist durch den demografischen Wandel so exorbitant, dass
kein Unternehmen mehr an den jungen Frauen vorbeikommt.
Die entscheidende Frage ist: Werden diese Männer und Frauen
noch Kinder haben?«

Von der Leyen ist Familienpolitikerin. Das Leben in einer
Großfamilie hat sie als großes Glück erlebt, erst als Kind, später als Mutter. Mit den westdeutschen Feministinnen ihrer Generation hat sie wenig gemeinsam. Die Welt der Latzhosen,
Frauenbuchläden und Selbsterfahrungsgruppen ist ihr fremd,

Schlüsselbegriffe der Frauenbewegung wie das Eintreten für »Selbstverwirklichung« kommen in ihren Reden nicht vor, vermutlich klingt das für sie nach zu viel Laisser-faire.

Nach einem weit verbreiteten Missverständnis gehören Frauen- und Familienpolitik zusammen. Oft wird angenommen, ihre Vertreter arbeiteten harmonisch zusammen, bloß weil oft ein- und derselbe Minister für beides zuständig ist. Tatsächlich konkurrieren Gleichstellungs- und Familienpolitiker gerade deswegen oft um Geld und Aufmerksamkeit. Und bei etlichen Themen, etwa der Abtreibungs- oder der Sorgerechtsdebatte, sind die Anliegen von Frauen und Kindern nicht zwangsläufig identisch. Bei Ursula von der Leyen ändert sich mit dem Wechsel vom Familien- ins Arbeitsministerium im Dezember 2009 der Blick auf diese Themen.

Als Familienministerin hat sie nicht nur durch eigenes Geschick, Mut und Härte viel durchgesetzt, sie hatte ideale Rahmenbedingungen: Die Zeit war reif für ihre Themen, die Kanzlerin unterstützte den Modernisierungskurs und der Koalitionspartner SPD musste mitmachen, weil von der Leyen großenteils seine Forderungen übernahm.

In der folgenden Legislaturperiode ist es genau umgekehrt. Der neue Koalitionspartner, die FDP, hat im Wahlkampf großen Erfolg mit marktliberalen Forderungen, in den ersten Monaten der neuen Regierung schwadroniert der Parteivorsitzende Guido Westerwelle über eine »spätrömische Dekadenz« und faule Arbeitslose, die den Steuerzahlern auf der Tasche liegen. Für von der Leyen, die nur zwei Monate nach der Wahl wegen des plötzlichen Rücktritts von Franz Josef Jung Sozialministerin geworden ist, macht das die Arbeit schwer.

Mindestlöhne, Rentenerhöhungen, neue Bildungsangebote für die Kinder von Hartz-IV-Empfängern – fast nichts, was von der Leyen in den kommenden Jahren anstrebt, will der FDP gefallen. Nur bei Maßnahmen gegen den Fachkräftemangel klappt die Zusammenarbeit, die Bedingungen für Einwanderer werden gelockert, die Blue Card wird eingeführt.

Von der Leyen entdeckt im neuen Amt Themen, die eigentlich jenseits der klassischen Agenda von Arbeitsministern liegen: Sie bringt die Bundesagentur für Arbeit dazu, sich bei der Vermittlung von Arbeitslosen stärker um Alleinerziehende zu kümmern, die oft qualifiziert sind, aber an fehlenden Betreuungsmöglichkeiten scheitern. Als das Bundesverfassungsgericht urteilt, dass die Sätze für die Kinder von Hartz-IV-Empfängern erhöht werden müssen, entwickelt sie die Idee eines Bildungspakets. Statt einfach mehr Geld an Eltern zu überweisen, soll der Staat Bildungsangebote für die Kinder finanzieren sowie ein warmes Mittagessen. Später redet von der Leyen in Talkshows viel über Stress und Burn-out. Sie reist häufiger und entwickelt mit anderen europäischen Sozialministern Ideen gegen die Jugendarbeitslosigkeit.

In diese Zeit fällt auch von der Leyens Eintreten für eine gesetzliche Frauenquote in Großkonzernen. Das überrascht viele, eigentlich ist sie dafür nicht wirklich zuständig. Das Frauenministerium wird inzwischen von der jungen Kristina Schröder geführt. Die für eine Aufsichtsrats-Frauenquote nötige Reform des Aktienrechts müsste sogar die liberale Justizministerin Sabine Leutheusser-Schnarrenberger durchsetzen. Aber das hält die Arbeitsministerin nicht ab. Sie vergleicht die Einführung einer gesetzlichen Frauenquote sogar mit der Einführung des Frauenwahlrechts – das hätten ja zu Beginn auch nicht alle gewollt.

Kristina Schröder, die zum konservativen hessischen CDU-Landesverband gehört, fährt bewusst einen anderen Kurs als ihre Vorgängerin. Sie ist überzeugt, dass die Frauen ihrer Generation mit gesetzlichen Quoten, Gleichstellungsgesetzen und Rollendebatten wenig am Hut haben. Sie nimmt Kürzungen beim Elterngeld hin und akzeptiert die Einführung eines umstrittenen und unpopulären Betreuungsgeldes, das Eltern bekommen sollen, die ihre Kleinkinder nicht in staatlichen Institutionen betreuen lassen. Außerdem legt sie sich erst in einem Interview, dann in einem ganzen Buch mit den Feministinnen aus der Generation von Alice Schwarzer an.

Von der Leyen entwickelt sich derweil in die andere Richtung. Sie ist ständig bei Veranstaltungen, in denen das deutsche Modell der Mitbestimmung gelobt wird, das nicht nur für sozialen Ausgleich sorge, sondern sich auch in Krisenzeiten bewährt habe bei der Suche nach flexiblen Arbeitszeitmodellen. Wenn Mittelständler solche staatlichen Vorgaben akzeptieren, fragt sie, warum genau ist dann eine Quote so schlimm? Und Quotengegnern aus der CDU sagt sie, dass sich das Quorum der Partei doch bewährt habe, eine sanfte Variante einer Frauenquote.

Wenn von der Leyen als Arbeitsministerin bei Gewerkschaften oder Wirtschaftsverbänden auftritt, ist sie häufig die einzige Frau im Raum. Als sie im Ministerium eine Frau zur Staatssekretärin machen will, weil der CDU-Rentenexperte Andreas Storm einen Ministerposten im Saarland übernimmt, heißt es, es gebe keine Kandidatinnen. Von der Leyens Vertraute Annette Niederfranke übernimmt den Job. Bei Treffen mit den Personalvorständen der DAX-Konzerne versichern diese, bei der Zahl der Frauen in Führungspositionen sei leider nicht mehr drin. Daraufhin rechnet von der Leyen den versammelten Managern vor, dass es noch dreißig Jahre dauern werde, bis Frauen auch nur ein Drittel der Führungspositionen besetzen werden. Als niemand auf diese Rechnung reagiert, verlässt sie grußlos den Saal. So grob geht sie normalerweise nicht mit Gästen um.

Sie lässt im Ministerium Statistiken erstellen, die zeigen, dass Mittelständler viel mehr Chefinnen beschäftigen als Konzerne. Von der Leyen sieht darin eine Bestätigung dessen, was Elitenforscher schon lange sagen: Führungskräfte fördern häufig jüngere Alter Egos, normalerweise sind das Männer mit ähnlichen Stärken und Interessen, die häufig an derselben Universität studierten. Eliten reproduzieren sich selbst, warnen die Wissenschaftler.

Das hat in großen und kleinen Unternehmen unterschiedliche Folgen: Firmengründer bauen ihre Töchter und Schwiegertöchter zu Nachfolgerinnen auf, aber in den Konzernen bewegt sich nichts. Von der Leyen ist in dieser Zeit schwer zu bremsen. Als der Bundesverband der Deutschen Industrie sie zu einem Vortrag einlädt – das Thema soll sie selber wählen –, referiert sie über »Klumpenbildung« im Spitzenmanagement. Der Klumpen, das sind die vielen Männer, die sich gegenseitig stützen.

Von der Leyen verweist in solchen Reden darauf, dass der Staat mittlerweile viel getan habe, damit Mütter und Väter arbeiten und Karriere machen können. Es gebe mehr Betreuungsangebote. Sie erinnert die Verbände an gebrochene Versprechen. Ein paarmal schon hätten Wirtschaftsverbände beschlossen, den Anteil von Frauen in Chefpositionen zu erhöhen – ohne Konsequenzen. Schließlich fordert von der Leyen ausgerechnet im *manager magazin*, dem Zentralorgan männlicher Aufsteiger, eine gesetzliche Regelung für Aufsichtsräte. Als Kristina Schröder das erfährt, will sie es erst nicht glauben, schließlich arbeitet die Frauenministerin gerade an einem ganz anderen Gesetz zum gleichen Thema. Sie will eine Flexiquote, die auf Freiwilligkeit setzt. Das Verhältnis der beiden Ministerinnen war schon vorher nicht gut. Jetzt ist es ruiniert.

Der Konflikt im Kabinett bringt die öffentliche Debatte über Chancengleichheit in Gang. Seit einigen Jahren schon meldet sich eine neue Generation von Feministinnen zu Wort, in Büchern, in Blogs, im *Missy Magazine*. Jetzt gibt es ein gemeinsames Thema für Frauenpolitikerinnen verschiedener Generationen.

Einige buhen Kristina Schröder bei der Vorstellung ihres Buches *Danke, emanzipiert sind wir selber!* aus, über hundert Jour-

nalistinnen schließen sich spontan zusammen und fordern eine
Quote für ihre Branche. Von der Leyen kommt gemeinsam mit
ihrem Mann Heiko zur Gründungsparty des Vereins Pro Quote,
hält eine knappe Rede und ruft in den Raum:»Wir sind die
Hälfte, und wir wollen die Hälfte.« So kannte man sie vorher
nicht.

Innerhalb kurzer Zeit unterschreiben mehr als 22 000 Kritike-
rinnen und Kritiker einen Aufruf gegen Kristina Schröder mit
der Überschrift»Nicht meine Ministerin«. Mehr als vierhundert
Politikerinnen und Vertreterinnen vieler Verbände unterschreiben die sogenannte»Berliner Erklärung«, in der eine Frauenquote von 20 Prozent für Aufsichtsräte gefordert wird, darunter
auch von der Leyen.

Als der SPD-regierte Hamburger Senat im Bundesrat im September 2012 einen Gesetzesentwurf mit genau dieser Forderung
einbringt, kommt es zum Eklat. Der Entwurf wird verabschiedet,
auch die CDU-geführten Länder Saarland und Sachsen-Anhalt
stimmen zu. Eigentlich will Merkel in dieser Situation auf Zeit
spielen: Über die Bundesratsinitiative soll im Bundestag einfach
nicht entschieden werden. Die Regierungsparteien können ohne
weiteres Verfahrenstricks nutzen, um eine Abstimmung zu verhindern. Doch es kommt zu Missverständnissen im parlamentarischen Prozess, plötzlich steht die Frauenquote auf der Tages-
ordnung – und von der Leyen hat den Eindruck, die Abstimmung
sei freigegeben, sie könne für das Gesetz stimmen. Darauf besteht sie nun. Sie habe sich ja schließlich öffentlich festgelegt.

Normalerweise reicht in so einer Situation eine SMS der Kanzlerin, um Ruhe zu schaffen. Diesmal beginnt eine tagelange
Zitterpartie, die erst endet, als von der Leyen mit ihrem Mann
Heiko an einem Sonntagmorgen die kleine Dorfkirche St. Pan-
kratius in Beinhorn besucht. Eine Woche später ist die Konfir-
mation der Tochter Gracia, die Eltern müssen das Fest noch
vorbereiten. Während von der Leyen auf der Kirchbank sitzt,

laufen auf ihrer Handy-Mailbox immer mehr Nachrichten ein: Thomas de Maizière, Peter Hintze, die Kanzlerin wollen sie zum Einlenken bewegen. Merkel hat schließlich eine rettende Idee: Obwohl der letzte CDU-Parteitag gegen die feste Frauenquote gestimmt hat, soll die Aufsichtsratsquote im Wahlprogramm von CDU und CSU stehen. Das ist ein Affront gegen die Delegierten und gegen die zuständige Ministerin, von der Leyen ändert de facto im Alleingang die Beschlusslage der Union. Sie ist einverstanden, will sich aber erst dann öffentlich äußern, wenn auch CSU-Chef Horst Seehofer eine solche Passage im Wahlprogramm mitträgt und wenn Fraktionschef Volker Kauder in der Sitzung am Dienstag für diesen Kompromiss wirbt. Die beiden Männer machen mit.

Von der Leyen stimmt im Bundestag gegen die Quote, die sie für richtig hält. Sie hat ihr eigentliches Ziel nicht erreicht, ein Quotengesetz, aber ihre Partei ein Stück weit bewegt. Sie ist überzeugt: Mehr ging nicht. Viele Frauen sind enttäuscht, vor allem die Politikerinnen der Grünen, die auf ihr Wort gesetzt haben. Die Wirtschaftspolitiker der Union hingegen klagen darüber, dass von der Leyen schon wieder einen Sieg errungen habe. Und der Empfang in der Bundestagsfraktion ist eisig. Das Wort von einer Erpressung macht die Runde. Kristina Schröder sagt in ihrem Redebeitrag, Politik sei keine Ich-AG. Die Kanzlerin guckt, als stimme sie Schröder zu. Einige behaupten, Merkel brauche von der Leyen zwar im Wahlkampf, doch danach werde abgerechnet. Merkel müsse solche Illoyalität bestrafen.

In den Kommentarspalten der Zeitungen heißt es am nächsten Morgen, eine Festlegung im Wahlprogramm sei nicht viel wert. Das zumindest erweist sich als falsch. Als Union und SPD nach der Bundestagswahl über den Koalitionsvertrag verhandeln, legen sich beide Seiten schnell auf eine Quote fest. Die SPD will sie ohnehin, die Wirtschaftspolitiker haben gegen eine Forderung aus ihrem eigenen Wahlprogramm wenig in der Hand.

Als das Kabinett genau ein Jahr nach der Wiederwahl Merkels zur Bundeskanzlerin, im Dezember 2014, die Quote beschließt, sitzt von der Leyen im Flugzeug, sie ist auf dem Weg zu ihrem britischen Amtskollegen. Hat sich der Kampf gelohnt, würde sie das alles noch einmal machen? Das Ergebnis ist gut, sagt sie. Es gibt ein Quotengesetz. Und sie ist Verteidigungsministerin.

8 BUNDESWEHR

»Nichts Bessers weiß ich mir an Sonn- und Feiertagen,
Als ein Gespräch von Krieg und Kriegsgeschrei,
Wenn hinten, weit, in der Türkei,
Die Völker aufeinander schlagen.«

*Johann Wolfgang von Goethe: Faust,
der Tragödie erster Teil*

Saubere Zähne am Hindukusch

Sturmgewehre! Mitte November 2014 stehen in einer Autowerkstatt in der Nähe von Hamburg drei Transporter des Paketdienstes Hermes, einer von ihnen hat auf der A23 einen Unfall gebaut, er muss repariert werden. Ein Angestellter der Werkstatt wuchtet die Ladung vom defekten Wagen in die beiden anderen, es muss schnell gehen, ein Paket reißt auf, und heraus purzeln Pistolen und G36-Sturmgewehre aus der Waffenschmiede von Heckler und Koch. Die Werkstatt alarmiert umgehend die Polizei.

Die Fahnder wollen an die Hintermänner ran, observieren die Wagen. Ein Hermes-Transporter fährt nach Süden, einer nach Norden, Hubschrauber heben ab und verfolgen sie. Kurz vor der dänischen Grenze stoppt die Polizei den einen, in Nordbayern den anderen Wagen. Die vermeintlichen Schmuggler entpuppen sich als unbescholtene Hermes-Angestellte, mit Fahrtenbuch und gültigen Papieren. Sturmgewehre und Pistolen kutschieren sie bereits seit 2003 durch die Gegend – im Auftrag der Bundeswehr. Ein Sprecher der Truppe räumt kurz darauf ein, dass zivile Paketdienste auch anderes ausliefern: Luftabwehrraketen vom Typ Stinger etwa, damit holt man Flugzeuge vom Himmel. Die Bundeswehr verschickt also einen Teil ihrer Waffen wie die Zivilbevölkerung einen Teil ihrer Weihnachtsgeschenke.

Ein 26-jähriger Ex-Supermarkt-Azubi dringt Ende Juli 2013 auf das Gelände der Luftwaffenkaserne Köln-Wahn vor und von dort auf den benachbarten militärischen Teil des Flughafens

Köln-Bonn. Er klettert auf die Tragflächen des Airbus A319 der Flugbereitschaft, es ist die Maschine, mit der die Bundeskanzlerin zu ihren Auslandsterminen fliegt. Er öffnet den Notausstieg, macht es sich in der VIP-Kabine bequem, geht dann ins Cockpit und drückt dort auf Köpfen rum. Im Tower blinkt ein Notsignal auf, Polizisten stürmen die Maschine und führen den Eindringling ab. Es stellt sich heraus, dass der private Sicherheitsdienst, der die Kaserne bewacht, den Mann einfach passieren ließ. Über den Vorfall berichten diverse Medien, und so erfährt ein Teil der Deutschen, was die Mehrheit bis heute nicht weiß: Die schwer bewaffneten Soldaten, die Deutschland verteidigen sollen, lassen sich von schnell angelernten Hilfssheriffs bewachen, die miserabel bezahlt werden.

In einem Werbevideo der Marine kommt eine Mutter mit ihrer Tochter bestens gelaunt in einen Supermarkt. In der Obstabteilung verfliegt die gute Laune vor einem leeren Regal und einer beschriebenen Tafel: »Heute keine Bananen.« Schnitt. Fregatten am Horn von Afrika, die Handelswege sind bedroht, die deutsche Marine auf Piratenjagd. Schüsse peitschen ins Meer, Wasserbomben explodieren, Soldaten seilen sich von Hubschraubern ab, Kampftaucher steigen ins Wasser. Botschaft: Wir kämpfen, damit ihr Bananen habt!

Stinger-Raketen bei Hermes, Billigheimer schützen Kasernen, Blut für Bananen – drei Symptome eines prinzipiellen Befunds: Es stimmt etwas nicht mit der Bundeswehr. Im Sommer 2014 wurde dies für jedermann erkennbar, als sich Meldungen über nicht einsatzfähige Flugzeuge, Hubschrauber und Panzer zum Großdesaster bei der Ausrüstung summierten. Doch die Krise umfasst mehr als schwer versehrtes deutsches Kriegsgerät, Kapriolen aus der Bundeswehr-Provinz und zweifelhafte Botschaften. Sie geht viel tiefer.

Mit rund 250 000 Beschäftigen, einem jährlichen Etat von rund 33 Milliarden Euro, Materialbestand, Investitionsvolumen und

Forschungsmitteln jeweils in Milliardenhöhe hat die Bundeswehr Ausmaß und Struktur eines DAX-Unternehmens – und die bürokratische Behäbigkeit des DDR-Schwermaschinenbau-Kombinats Ernst Thälmann. Seit der Wiedervereinigung und dem Ende der Blockkonfrontation hecheln Umfang, Ausstattung und Strategie der Truppe einer Welt im rasanten Wandel hinterher. Just in dem Moment, da sich die Bundeswehr von einer reinen Verteidigungs- zu einer global agierenden Einsatzarmee wandelt, stellt die Ukraine-Krise alles infrage: Stimmt die Richtung? Ist die Wirklichkeit, der sich die Truppe anpasst, nicht schon wieder Vergangenheit? Muss die Bundeswehr nicht zuallererst wieder das eigene Land verteidigen? Und nicht zuletzt: 13 Jahre Kampfeinsatz in Afghanistan haben die Soldaten mental verändert. Das Soldatentum definiert sich gerade neu. Junge Offiziere sehen im Leitbild vom Staatsbürger in Uniform ein Auslaufmodell. Sie wollen keine politisierten Soldaten mehr sein, sondern Experten für Kriegsführung. Die Bundeswehr ist bürokratisch aufgebläht, im Umbruch – und eine Armee auf Sinnsuche.

Auf die allumfassende Regelungswut trifft der Soldat täglich in seiner Kaserne. Laut Anlage 9 der Zentralen Dienstvorschrift 10/5 (ZDv 10/5), »Leben in der militärischen Gemeinschaft«, ist er verpflichtet zur »Zahn- und Mundpflege nach allen Mahlzeiten«. Und zum »Kurzhalten der Finger- und Fußnägel«. Landet er mit frisch geputzten Zähnen und gemäß der Zentralen Dienstvorschrift 37/10 (ZDv 37/10), »Anzugordnung für die Soldaten«, in seinem »Feldanzug, 5-Farb-Tarndruck, heiß-feucht« zum Auslandseinsatz in Afghanistan, stellt der Soldat fest: Die Bürokratie ist längst da. Im Feldlager Masar-i-Scharif wird der Müll getrennt, der Raser geblitzt, das Lkw-Abgas sonderuntersucht. Ein Aufräumkommando sammelt ausrangierte Auto- und Flugzeugreifen ein und nimmt sie mit dem nächsten Flieger mit nach Hause. Eine ordentliche deutsche Familie macht es mit dem Müll nach dem Picknick genauso. Nur reicht ihr dafür ein Auto.

Sollte der Soldat im Auslandseinsatz ein Fernmeldegerät provisorisch in ein geschütztes Fahrzeug einbauen wollen, wie andere das auch schon wollten, muss er einen Antrag beim Einsatzführungskommando in Potsdam stellen. Dann wartet er, bis sieben verschiedene Stellen sein Vorhaben begutachtet haben, um sich schließlich ein Nein abzuholen. Grund: Gefahr für Leib und Leben der Besatzung, sagen die einen. Haben wir noch nie gemacht, die anderen. Fragt er nach Störsendern, um Sprengfallen zu entschärfen, kann er sich bei Kameraden erkundigen, die 2003 auch schon gefragt haben. Und dann mehr als drei Jahre lang warteten, bis die Sender endlich eintrafen. Der Dienstweg vom afghanischen Hindukusch zum deutschen Amtsschimmel und zurück ist halt lang. Sollte man den Soldaten in den Kongo schicken, braucht er gar nicht erst damit anzufangen, die Fenster seines Autos zu vergittern, um sich vor Steinewerfern zu schützen. Seine Kameraden haben 2010 auch Fenster vergittert, als sie die ersten demokratischen Wahlen im Herzen Afrikas absicherten. Sie mussten die Gitter dann wieder entfernen. Es lag leider keine technische Erlaubnis für sie vor.

Der Bundeswehrapparat unterscheidet nicht zwischen frisch geputzten Zähnen und lebensnotwendigen Störsendern, nicht zwischen kurzen Fußnägeln und vergitterten Autofenstern, nicht zwischen Alltag und Ausnahme. Alles ist immer an dem dafür vorgesehenen Ort mit äußerster Akribie geregelt, fein säuberlich niedergeschrieben, abgezeichnet und abgeheftet, damit man es bei Bedarf wieder finden, nachlesen und nichts falsch machen kann. Das gilt für die Ordnung im Spind wie für die Wartung der Panzerhaubitze, für Barttracht und Kampfhubschrauber, für die Ausbildung der Peschmerga in Nordirak wie für den »Revierreinigungsplan der Gemeinschaftsunterkunft« in der Kaserne. Wird Polen angegriffen, sammeln sich laut Artikel 5 des NATO-Vertrags die Soldaten der Partnerländer zur »kollektiven Selbstverteidigung der Partei oder der Parteien, die angegriffen werden«. Und wenn es regnet, wird laut Absatz 215 der ZDv 37/10 »die Nässeschutzjacke und -hose über Pullover/Feldbluse/ Feldjacke/Feldhose/Unterziehjacke/Kälteschutz getragen«. Die Bundeswehr ist ein Bürokratiemonster, das sich regelmäßig in seinen eigenen Meldeketten verläuft.

Laut einer Studie der Europäischen Verteidigungsagentur EDA standen im Jahr 2011 hinter jedem Bundeswehrsoldaten im Einsatz 35 Kameraden und 15 zivile Mitarbeiter daheim. Bei den Franzosen war das Verhältnis acht plus zwei, bei den Briten neun plus vier. In der laufenden Neuausrichtung der deutschen Streitkräfte werden sich die Zahlen nur leicht verbessern. Unter den Armeen der Welt bleibt die Bundeswehr rekordverdächtig ineffizient.

Die Neuausrichtung der Bundeswehr darf nicht Reform heißen, weil es schon viele Reformen der Bundeswehr gab, die außer der Sollstärke nicht allzu viel reformiert haben, sonst hätte es ja nicht bald darauf schon die nächste Reform geben müssen. Sichtbarstes Zeichen all dieser Umbauten an der Fassade ist die kontinuierliche Verschlankung der Truppe. Während des Kalten Krieges verfügte sie über 495 000 Soldaten, nach der Wiedervereinigung sank die Zahl dann schrittweise auf 370 000, um im Jahr 2010 bei 250 000 Soldaten und 75 000 zivilen Mitarbeitern zu landen. Mit der Neuausrichtung der Bundeswehr 2011 wurde die allgemeine Wehrpflicht abgeschafft und eine neue Zielgröße gesetzt: 185 000 Soldaten plus 55 000 zivile Beschäftigte – bei Letzteren gibt es noch einen deutlichen Überhang.

Im Zentrum dieser Neuausrichtung steht der Umbau von der Verteidigungs- zur Einsatzarmee. Anlass hierfür ist das Bedrohungsszenario, ausgedacht, aufgeschrieben und abgeheftet in den Verteidigungspolitischen Richtlinien vom Mai 2011. Tenor: Risiken und Bedrohungen für Deutschland entstehen aus allem Möglichen – aus zerfallenden und zerfallenen Staaten, aus dem internationalen Terrorismus, aus diktatorischen Regimen und den Umbrüchen bei deren Zerfall, aus kriminellen Netzwerken, aus Klima- und Umweltkatastrophen, aus Migrationsbewegungen, aus der Verknappung der Rohstoffe, aus Seuchen und Epidemien. Nur nicht durch die Armeen anderer Länder. »Eine unmittelbare territoriale Bedrohung Deutschlands mit konventionellen militärischen Mitteln ist unwahrscheinlich«, heißt es in den Richtlinien. Als Folge dieser Analyse reduzierte die Bundeswehr noch einmal die Zahl ihrer Kampfpanzer – auf 225. Auf dem Höhepunkt des Kalten Krieges besaß sie mehr als 3000. Seit Russland die Krim zuerst besetzt und dann annektiert hat, ist die Sicherheitslage eine andere. Eine unmittelbare territoriale Bedrohung der NATO-Mitgliedsländer im Baltikum mit konventionellen militärischen Mitteln – und damit die Beistandsverpflichtung Deutschlands – ist deutlich wahrscheinlicher geworden. In Lettland, Estland und Litauen leben, ähnlich wie im Osten der Ukraine, zahlreiche ethnische Russen. In den Augen Moskaus sind sie Teil jener »russischen Welt«, für die es sich als Schutzmacht versteht. Auf die Rückkehr der Ost-West-Konfrontation reagiert die Bundeswehr unorthodox: Sie hält am Umbau zur Einsatzarmee fest. Ausbildungs- und Einsatzkonzepte werden immer stärker auf den Kampf gegen leicht bewaffnete Gegner wie die Taliban in Afghanistan ausgerichtet, weniger aber für den Kampf gegen gut ausgerüstete moderne Armeen. Das ist der eine große Widerspruch bei der Neuausrichtung der Bundeswehr.

Der andere besteht darin, dass Deutschland eine Einsatzarmee haben wird, die es gar nicht einsetzen will, zumindest nicht dort, wo gekämpft und gestorben wird. Die Kanzlerin nicht und die Bevölkerung erst recht nicht. Einen Kampfeinsatz wie in Afghanistan werde es auf absehbare Zeit für deutsche Soldaten nicht mehr geben, verkündete Angela Merkels Sicherheitsberater Christoph Heusgen bei einer Konferenz der Konrad-Adenauer-Stiftung im Sommer 2014. Er begründete das mit dem fehlenden Rückhalt in der Bevölkerung. Unterstützung fehlt in der Tat: Der

Pazifismus war in den friedensbewegten 70er und frühen 80er Jahre eine oppositionelle Massenbewegung. Heute ist er gesellschaftlicher Mainstream in einem radikal post-heroischen Land. Die Armee, die sich die Mehrheit in diesem Land wünscht, ist ein Friedenskorps aus Brunnenbauern, das nebenher noch Mädchenschulen hochzieht.

So wirkungsmächtig ist das Nein zu Kampfeinsätzen der Bundeswehr, dass Außenminister Frank-Walter Steinmeier eine deutsche Beteiligung an den Militärschlägen gegen das Terrorheer des Islamischen Staates bereits entschieden ablehnte, bevor irgendwer vorsichtig anfragen konnte. Es ist neu, dass die Bundeswehr in Krisengebiete wie den Irak Waffen liefert und sogar Ausbilder dorthin fliegt. Lange Zeit war das Maximum, das Deutschland unter dem Schlagwort »mehr Verantwortung« militärisch leisten wollte, der Transport der anderen. Die Bundeswehr flog Soldaten verbündeter Länder dorthin, wo die Soldaten verbündeter Länder kämpfen sollten – und dann wieder nach Hause. Sofern die überalterten Transall-Maschinen das hinbekamen. Die Kanzlerin will keine Kampfeinsätze, das Volk will keine Kampfeinsätze, doch Deutschland bastelt sich eine Armee für Kampfeinsätze weit weg, während Russland vor der Haustür zündelt. Sicherheitspolitik im Paralleluniversum.

Zu den Problemen Bürokratismus und innere Widersprüche der Neuausrichtung gesellt sich ein Phänomen, dessen Konturen sich erst abzeichnen, das die Bundeswehr aber tiefgreifend verändern könnte: ein fundamentaler Wandel im Selbstverständnis der Soldaten.

Profi in Uniform

»Es ist nicht mehr wie früher, dass die Alten vom Krieg erzählen. Heute erzählen die Jungen vom Krieg«, sagt ein Vier-Sterne-General, einer aus der Generation, die mit dem Leitbild des Staatsbürgers in Uniform groß geworden ist, die selbst nur Lagerfeuer kennt, kein Mündungsfeuer. Es gebe eine gefährliche Tendenz unter Soldaten, die in Afghanistan, auf dem Balkan oder in Afrika waren: Sie glorifizierten den Einsatz, inszenierten sich selbst als »Mordskerle«, als »Helden, die alle ständig in Lebensgefahr« gewesen seien, frei nach dem Motto: Nur ein Soldat unter Feuer ist ein guter Soldat. Die Unterscheidung in Helden und Daheimgebliebene spaltet die Truppe. Und sie führt zu einem Verlust von Autorität: Viele Junge bezweifeln die Kompetenz einer hohen Militärführung, deren Angehörige den Einsatz zumeist nur von Erzählungen anderer oder aus dem Fernsehen kennen.

Zur inneren Spaltung kommt die wachsende Entfernung der Bundeswehr von der Gesellschaft hinzu. Mit dem Ende der Wehrpflicht hat das nur bedingt zu tun, anderes wiegt schwerer. Für den weitaus größten Teil der Bevölkerung sind Auslandseinsätze der Streitkräfte reine Medienereignisse. Man schaut sie zwischen *Bergdoktor* und *Helene Fischer Show* so eben mal weg, Info-Fast-Food, schnell verschlungen, schnell verdaut. Anders als im 19. und 20. Jahrhundert können deutsche Soldaten heute Kriege führen, während in Deutschland tiefer Friede herrscht. Die Lebenswirklichkeit des Soldaten im Einsatz ist komplett entkoppelt von der seiner Landsleute – und interessiert diese nicht weiter. In den 13 Jahren, in denen in Afghanistan 55 deutsche Soldaten sterben, erlebt Deutschland seine Wiedergeburt als Wirtschaftswunderland. Tod hier, Sause da. Das Leben in unterschiedlichen Welten führt dazu, dass die Deutschen über die Frage, was man mit Streitkräften erreichen kann und wo man sie zu welchem Zweck einsetzen will, weniger diskutieren als über Ausländermaut und Mietpreisbremse. Wieso soll man sich auch mit dem Sinn von Militäreinsätzen befassen, wenn man sich einfach raushalten kann?

In den USA ist der Präsident dazu verpflichtet, regelmäßig eine National Security Strategy vorzulegen, in der er die grundlegenden Sicherheitsinteressen der USA definiert und beschreibt, was getan werden soll, um sie umzusetzen. Darüber können die Amerikaner dann reden und streiten. In Deutschland gibt die Kanzlerin regelmäßig Sommerinterviews. Das können sich die Deutschen dann angucken oder es sein lassen. Ein sicherheitspolitisches Gesamtkonzept gibt es nicht, Grundsatzdebatten über Außen- und Sicherheitspolitik auch nicht – und wer sagt, im Notfall sei auch ein »militärischer Einsatz notwendig, um unsere Interessen zu wahren, zum Beispiel freie Handelswege«, tritt kurz darauf als Bundespräsident zurück. Er hält der Empörungswelle nicht stand, die er ausgelöst hat.

Seit rund sechzig Jahren, seit ihrer Gründung im Mai 1955, ist die Bundeswehr am Leitbild des Staatsbürgers in Uniform und dem Prinzip der inneren Führung ausgerichtet. Die Soldaten sollen fest in der demokratischen Grundordnung verhaftet sein, sich als mündige Bürger mit den Zielen und Werten der deutschen Politik identifizieren und im Ernstfall auch Befehle hinterfragen. Nach mehr als zwanzig Jahren Erfahrung mit Auslandseinsätzen, mit dem Wandel von der Wehrpflicht- zur Berufsarmee halten das immer mehr Soldaten, vor allem junge Offiziere, für nicht mehr zeitgemäß. Sie verlangen nach einem anderen Wertegerüst, einem anderen Leitbild. Und verstehen sich als Experten für Kriegsführung.

Armee im Aufbruch. Zur Gedankenwelt junger Offiziere in den Kampftruppen der Bundeswehr heißt ein im Herbst 2014 erschienener Sammelband, in dem 16 junge Offiziere und Offiziersanwärter einen Einblick in eine Denkweise ermöglichen, die mit vielem bricht, was der Vorläufergeneration noch heilig war. Jan-Philipp Birkhoff, 24, Student der Geschichtswissenschaft an der Universität der Bundeswehr in Hamburg und Leutnant des Heeres, ist einer dieser Offiziere. Sein Beitrag »Ausgedient«, nachgedruckt in der Januarausgabe von *Loyal*, dem sicherheitspolitischen Magazin des Reservistenverbandes, markiert dieses neue Denken am prägnantesten: Der Staatsbürger in Uniform soll durch den »Profi in Uniform« ersetzt werden. Birkhoff beklagt in seinem Beitrag eine »Entzauberung des Helden« durch »die weite geistige Distanz« der deutschen Gesellschaft zu Patriotismus, Opferbereitschaft und »kriegerischem Altruismus«. Die Medien würden sich auf die »tragische, verlustreiche Komponente« der Kampfeinsätze konzentrieren, weshalb es nicht mehr möglich sei, den Tod von Soldaten als natürliches Risiko zu akzeptieren. Erfolge würden an einer »Null-Tote-Linie« gemessen, in der post-heroischen Gesellschaft würden »bestimmte Aspekte der Kriegsführung, ja des Krieges selber, etwa der Angriff, nicht mehr akzeptiert«.

Birkhoff fordert ein neues Denken und einen »neuen Führertypus« in der Bundeswehr. »Künftig brauchen wir den professionellen statt den politisierten Offizier.« Allein die Qualität des eigenen Handelns könne dem Profi Motivation sein und nicht, wie bis dato, »lebensferne Ausführungen über transnationale Verpflichtungen mit wirtschaftlichen Interessensüberschneidungen«. Dem Staatsbürger im Uniform erteilt der Autor eine radikale Abfuhr: »Während in der Zivilgesellschaft Diskurs und politische Differenzen die demokratische Kultur bereichern, wirken sie als Charakterzug eines militärischen Führers wie lähmendes Gift.« Dieser könne sich den »demokratischen Luxus« einer Unsicherheit, die sich aus dem Diskurs ergebe, nicht leisten.

Schließlich widmet sich der Bundeswehroffizier noch der Idee vom Führerkorps als Spiegel unserer pluralistischen Gesellschaft. Als Gedankenspiel sei das zwar interessant, bringe jedoch nicht zu tolerierende Gefahren mit sich: »Denn zu unserer Gesellschaft gehört heute mehr denn je Dekadenz, unkontrollierte Gewalt und Rücksichtslosigkeit. Zur post-heroischen Gesellschaft gehören Defätisten, radikale Hedonisten und arrogante Selbstdarsteller.« Das alles sei nicht kompatibel mit einer professionellen militärischen Führungskultur, »vielleicht sogar (nicht) mit dem soldatischen Wesen selbst«. Der Profi in Uniform – ein besserer Mensch.

Das Reservisten-Magazin *Loyal* druckt zum Text des deutschen Offiziers eine Seite, auf dem die »Army Values«, das Wertegerüst der US-Soldaten, vorgestellt werden. Sie passen auf ein Portemonnaiekärtchen, das jedem Soldaten bei der Vereidigung überreicht wird. Zusätzlich werden die sieben Werte auf die Rückseite aller Erkennungsmarken graviert. Sie heißen: Loyalität, Pflichterfüllung, Respekt, selbstloses Dienen, Ehrenhaftigkeit, Integrität, persönlicher Mut. Sie seien klar und verständlich, lobt der Begleittext, nicht so komplex und abstrakt wie das Konzept der Inneren Führung. Es liest sich so, als wünsche sich auch der Reservistenverband ein bisschen weniger Staatsbürger in Uniform und ein bisschen mehr amerikanischen GI.

Aus der Denkweise von Leutnant Birkhoff und zahlreichen anderen jungen Offizieren spricht weit mehr als die Sehnsucht nach Anerkennung dafür, dass Soldaten im Zweifel Leib und Leben riskieren. Mehr als der Wunsch nach Militärparaden, Homecoming-Feiern, Veteranengedenken und ganz normalen Menschen, die ihnen einfach mal auf die Schulter klopfen, wenn sie sich in Uniform unter Zivilisten wagen. Aus dem Wunsch nach dem Profi in Uniform spricht die Sehnsucht nach einem anderen Soldatenbild und somit auch nach einer anderen Bundeswehr. Einer, die, entkoppelt von der Gesellschaft, eigenen, den wahren Werten folgt. Die sich demokratischen Luxus genauso spart wie radikale Hedonisten. Der Staatsbürger in Uniform soll unehrenhaft entlassen werden, weil er dekadent und arrogant ist. Aus dem Wunsch nach dem Profi in Uniform spricht letztlich nichts anderes als die Verachtung für jene Gesellschaft, die der Staatsbürger in Uniform seit sechzig Jahren schützt.

All diese Probleme, vom Regulierungswahn bis zur Sinnsuche, hat Ursula von der Leyen am 17. Dezember 2013 geerbt. In ihrem Amt als Verteidigungsministerin hat sie seitdem zwei

Dinge gelernt: Die Probleme sind größer, als sie dachte – und es gibt viel mehr als die ihr bekannten und hier angeführten.

Warmduscher und Weicheier

Das Gesicht der Bundeswehr ist ein Soldat, der stets in Anzug und Krawatte auftritt, in Brandenburg Pferde züchtet und eloquent formulieren kann. Das muss er auch, denn sein Schlachtfeld ist die Talkshow. Wann immer es etwas zu bereden gibt, was irgendwie mit Sicherheitsfragen zu tun hat – eine neue Bedrohungslage, der Krieg gegen den Terror, die marode Ausrüstung –, schaut die Fernsehnation in das Gesicht der Bundeswehr. Bei Illner, bei Jauch, bei Will, bei Plasberg, bei Beckmann. Das Gesicht der Bundeswehr erklärt dann die Lage, in der sich die Truppe befindet, detailliert und kenntnisreich, so hört sich das an. Das macht es gut, sehr gut sogar, das macht es so gut, dass die Fernsehnation vergisst, dass der Soldat, der zu dem Gesicht gehört, gar keine Uniform trägt, dass er vor dreißig Jahren sein letztes Truppenkommando übernahm, dass er gerade mal zwei Jahre lang Generalinspekteur war, bevor er in hohe NATO-Posten entschwand, dass ihn der Verteidigungsminister Peter Struck 2005 in Berlin mit einem Großen Zapfenstreich in den Ruhestand verabschiedet hat, ja, dass er gar kein Soldat mehr ist. Und die Fernsehnation fragt auch nicht, woher ein 73-jähriger Zivilist die Details seiner aktuellen Kenntnisse über die innere Verfasstheit der Truppe bezieht. Doch Harald Kujat ist nun mal das Gesicht der Bundeswehr. Es ist ein rundes Gesicht, mit militärisch kurz geschorenen Haaren. Ein anderes kennen die Leute nicht. Für die Verteidigungsministerin ist das ein Problem. Denn Kujat hält nicht viel von ihr. Kujats Rolle ist auch deshalb so stark, weil alles Soldatische in der Öffentlichkeit so schwach ist. Anders als etwa in den USA wirkt der oberste Soldat in Deutschland nicht als eigenständige politische Figur. Der Generalinspekteur gibt weder Pressekonferenzen noch öffentliche Ratschläge, er wirkt intern, nicht nach außen. Dafür gibt es gute historische Gründe. Doch es entsteht auch eine Leerstelle. Alle Kritik am Zustand der Bundeswehr – und alle Sehnsucht nach einem anderen soldatischen Leitbild ebenfalls – zielt dadurch nie auf den ersten Soldaten im Land, sondern immer auf die Ministerin. Der Bundeswehr fehlt dadurch nicht nur ein aktiver Militär, der sie verkörpert. Von der Leyen fehlt auch ein Schutzschild.

Hochrangige Offiziere erwarten von einem Verteidigungsminister – und selbst von einer Verteidigungsministerin –, dass er (und auch sie) über das Konzept der »vernetzten Sicherheit« spricht, über die Vor- und Nachteile der Flugabwehrsysteme Meads und Patriot, über den Verlauf der MINUSMA-Mission in Mali. Ursula von der Leyen spricht aber auch gern über Langzeitarbeitskonten für Soldaten, über Kinderbetreuung in Kasernen, über weniger Versetzungen und ein besseres betriebliches Gesundheitsmanagement, über Flachbildschirme und Kühlschränke in den Unterkünften, mehr Laptops für die Heimarbeit. Wenn hochrangige Offiziere das Wort »Attraktivitätsoffensive« hören – von der Leyens Konzept hinter all diesen Maßnahmen –, dann machen sie zwei Dinge, nicht alle, aber manche: Zuerst verstecken sie sich hinter Kujat, damit sie niemand sieht, und dann schimpfen sie über eine Ministerin, die echte Kerle zu »Warmduschern und Weicheiern« verzärteln wolle. Echte Kerle, die anonym stänkern müssen – so echt sind sie und so kerlig. Kujat ist deshalb eine ideale Deckung, weil er bis dato als Einziger aus dem militärischen Establishment von der Leyen offen kritisiert hat. Anlässlich von Ideen wie Schulungen von Führungskräften in sozialer Kompetenz und kostenfreiem Nach-Hause-Telefonieren aus den Einsatzgebieten bescheinigte er der Ministerin, »ganz offensichtlich keine Ahnung vom Militär« zu haben. Sie komme ihm vor »wie eine gute Hausfrau, die ihre Kinder versorgt«. In einem persönlichen Brief entschuldigte sich Kujat bei von der Leyen für seine Wortwahl, wobei offen blieb, ob er damit »keine Ahnung« meinte oder »gute Hausfrau«. Inhaltlich nahm er nichts zurück. Im Ministerium nennen sie Kujat »ein Reptil des Lodenmantelgeschwaders«.

Die Bundeswehr wirbt mit zwei verschiedenen Kampagnen für sich und um Nachwuchs. Zur ersten, der älteren, gehören Plakate, auf denen hochgerüstete Soldaten mit dreckverschmierten Gesichtern knapp an der Kameralinse vorbei dem Feind ins Antlitz starren. Ein anderes Motiv zeigt, weit über den Wolken, Eurofighter-Jetpiloten, die hinter ihren Sauerstoffmasken aussehen wie Außerirdische. »Wir. Dienen. Deutschland.«, heißt der Slogan dazu. Das klingt männlich, soldatisch, patriotisch. Ein bisschen so wie Kujat. Bei der zweiten, der neuen Kampagne lächelt eine junge Frau, die einen Pullover mit Klappen auf der Schulter und Deutschlandfähnlein am Oberarm trägt, direkt in die Kamera. Sie erinnert ein wenig an eine Flugbegleiterin kurz vor der »Kaffee oder Tee?«-Frage. »Aktiv. Attraktiv. Anders.«, heißt hier der Slogan. Das klingt aufgeschlossen, modern, veränderungsbereit. Also eindeutig nach von der Leyen.

Anders war zunächst einmal, dass die Ministerin, gerade mal einen Monat im Amt, eine für die Bundeswehr heikle Studie veröffentlichen ließ, die ihr Vorgänger Thomas de Maizière ein Jahr lang sorgsam unter Verschluss gehalten hatte. Gegenstand: die Lage der rund 19 000 Soldatinnen. Kernaussagen: Immer mehr Soldaten sind der Ansicht, dass Frauen bevorzugt würden, nicht kämpfen könnten, die Bundeswehr schwächten. Und: Mehr als die Hälfte der Soldatinnen fühlten sich sexuell belästigt, jede vierte wurde mit Porno-Bildern bedrängt, 3 Prozent der befragten Frauen wurden sexuell missbraucht. Unangenehmes selbst publik machen, sich nicht von Enthüllungen überraschen lassen, Herrin des Geschehens bleiben, das ist von der Leyens Grundlinie. Eine zweite Studie, zuvor ebenfalls zurückgehalten, veröffentlichte sie umso lieber, passte die Botschaft doch bestens in ihr Konzept: Die Soldaten sehnen sich nach mehr Teilzeitarbeitsmöglichkeiten und flexibleren Arbeitszeiten.

Die »Aktiv. Attraktiv. Anders.«-Kampagne, konzipiert nach dem Amtsantritt von der Leyens, ist ein Angriff auf das Selbstbild der »Wir. Dienen. Deutschland.«-Bundeswehr. Es reicht nicht aus, davon ist von der Leyen überzeugt, wenn sich die Truppe als Sehnsuchtsort präsentiert, an dem *Top Gun*-Träume wahr werden. Wenn sie sich als Tummelplatz für Patrioten versteht, die ganz erfüllt sind vom ehrenvollen Auftrag des Dienens. Das Ende der Wehrpflicht, der demografische Wandel, das Ringen mit Großkonzernen und dem Mittelstand um die besten Nachwuchskräfte erzwingen in den Augen von der Leyens einen pragmatischeren Ansatz: »Wir machen uns auf den Weg, einer der attraktivsten Arbeitgeber in Deutschland zu werden.« Die Bundeswehr, so das Ziel, soll als moderner, global agierender Konzern erscheinen, der jungen, ambitionierten Menschen viele Chancen bietet, sich zu entfalten.

Dieser Blick der Ministerin auf die Truppe stößt auf heftige Kritik. Zum einen, weil von der Leyen gern im Unternehmensberater-Deutsch über die Bundeswehr spricht und sich dann zuweilen so anhört, als blende sie Entscheidendes aus: dass Soldaten, anders als Bäcker oder Quantenphysiker, bei der Ausübung ihres Berufes getötet werden können – und bereit sein müssen, selbst zu töten. Getötet werden ist aber weder karrierefördernd noch familienfreundlich. Und zum anderen, weil die Kitas in Kasernen und die gleitende Arbeitszeit gerade mit der Weltlage kollidieren. »Eine Armee blutberauschter Gotteskrieger mordet sich bis an die Grenze Europas heran – und die Bundeswehr geht in die Attraktivitätsoffensive«, schreibt die Publizistin Thea Dorn in der *Zeit* und nennt dies eine »grelle Satire«. Die Autorin überkommt »elementarer Zorn, wenn ich die Verteidigungsministerin Phrasen sagen höre wie: ›Die Bundeswehr wechselt auf die Überholspur.‹

Oder wenn ich auf der Homepage der Bundeswehr lese, diese sei, ›durch die neutrale Brille betrachtet‹, nichts weiter als ›ein Sicherheitsunternehmen, eine Reederei, eine Fluglinie, ein Logistikkonzern, ein medizinischer Dienstleister – alles auf Top-Niveau und weltweit vernetzt‹. Darf man dem Berufsstand des Soldaten mit solch verlogenem PR-Geschwätz, wie es derzeit in Deutschland zu vernehmen ist, den existenziellen Ernst austreiben?«

Das darf man nicht – und von der Leyen treibt auch nicht aus. In nahezu jeder Rede hebt sie hervor, dass sich der Beruf des Soldaten von allen anderen unterscheidet. Dass Soldatinnen und Soldaten geschworen haben, im Extremfall Leib und Leben für Recht und Freiheit einzusetzen. Sie betont die Einzigartigkeit dieses Berufes – und leitet aus dieser Einzigartigkeit die Pflicht der Politik und der Gesellschaft ab, Soldaten in ihrem Alltagsleben nicht schlechter zu behandeln als andere.

Bei der Bundeswehrtagung Ende Oktober 2014 in Berlin attackiert von der Leyen ihrerseits ihre Kritiker:»Können die Kritiker mir erklären, warum Soldaten in Unterkünften hausen sollen, die noch nicht mal den Standard einer Monteursbaracke haben? Können die Kritiker mir erklären, warum eine Krankenschwester im Bundeswehrkrankenhaus, die Zivilistin ist, ab der 40. Wochenstunde Überstunden bezahlt bekommt, während ihre soldatische Kollegin auf derselben Station erst nach der 46. Wochenstunde Ausgleich erhält? Können die Kritiker mir erklären, warum der Zeitsoldat, in all den Jahren, die er dient – also bis zu 25 Jahren –, die zweite Säule in der Rentenversicherung vorenthalten bekommt, die Berufssoldaten, Beamte und Tarifbeschäftigte selbstverständlich bekommen? Können die Kritiker mir erklären, warum seit Jahren in der Wirtschaft die Vereinbarkeit von Beruf und Familie als das Schlüsselinstrument zur Fachkräftegewinnung gilt, aber das für die Bundeswehr nicht gelten soll?«

Ihre Kritik an den Kritikern wird dort geteilt, wo es von der Leyen wichtig ist: an der Basis der Bundeswehr. Einfache Soldatinnen und Soldaten beschweren sich seit Jahren über die Belastungen für ihr Familienleben. In den Jahresberichten des Wehrbeauftragen steht diese Beschwerde stets an der Spitze der Klageliste. Der Zustand der Unterkünfte, die ungleiche Behandlung und Bezahlung im Vergleich mit zivilen Kollegen tauchen da auch auf. Kein Wunder also, dass die übergroße Mehrheit der Bundeswehrsoldaten von der Leyens Qualitätsoffensive vor allem für eines hält: für längst überfällig. Die Ministerin, die angeblich nichts vom Militär versteht, versteht erstaunlich viel von den Menschen, die dort ihren Dienst leisten.

Damit ein attraktiver Arbeitgeber Bundeswehr überhaupt wahrgenommen werden kann, muss er raus aus seinen Kasernen am Stadtrand, raus aus der Nische – und hinein in die Mitte der Gesellschaft. Die Bundeswehr, das ist der Plan, soll in ganz neuen Zusammenhängen erscheinen, an überraschenden Orten auftauchen, sich offen in ihrer ganzen Bandbreite präsentieren. Daher die Reisen mit Journalistinnen von Frauenzeitschriften, Wissenschaftskollegen sollen folgen. An der Spitze der Bundeswehr-Medien ersetzte sie einen zwangsbestellten Soldaten durch einen zivilen Profi. Eine frühere ARD-Korrespondentin soll dafür sorgen, dass auch Menschen, die nicht in Flecktarn zur Arbeit gehen, künftig die Wochenzeitung *Bundeswehr aktuell* oder *Y – Das Magazin der Bundeswehr* lesen. Und: Die Bundeswehr hat jetzt auch, ähnlich wie Mercedes und BMW, einen Showroom in bester Innenstadtlage. Direkt am Bahnhof Friedrichstraße in Berlin-Mitte eröffnete Ende 2014 der erste, weitere werden folgen. »Showroom« halten zwar manche für ein Synonym von »Ursula von der Leyen« – die Idee dazu hatte allerdings ihr Vorgänger Thomas de Maizière.

60 000 Bewerber müssen sich jährlich bei der Bundeswehr vorstellen, wenn sie ihren Auswahlschlüssel beibehalten will und nicht zur Resterampe der Gesellschaft, zum Sammelbecken für Gescheiterte, verkommen soll. Bald schon werden das 10 Prozent eines jeden Jahrgangs sein. Vor diesem Hintergrund ist von der

Leyens viel belächelte Attraktivitätsoffensive zwingend geboten. Oder um es mit den Worten von Thea Dorn zu sagen: Die schrille Satire ist von existenziellem Ernst.

Im Karriere-Häcksler

Die Zufahrt zum Verteidigungsministerium in der Berliner Stauffenbergstraße blockieren Gittertore und Schranken, Ein- und Ausfahrt trennt ein Häuschen mit Wachpersonal. Steht man davor und schaut nach rechts, kann man hoch oben an der Häuserwand einen Schriftzug lesen:»Gedenkstätte Deutscher Widerstand«. Der Weg dorthin führt durch einen Torbogen zum Ehrenhof, jenem Ort, an dem am Abend des 20. Juli 1944 Claus Schenk Graf von Stauffenberg und drei seiner Mitverschwörer hingerichtet wurden. Zur Dauerausstellung in der zweiten Etage gelangen Besucher über eine Treppe, an den Wänden hängen Porträtfotos: Werner von Haeften, Henning von Tresckow, Albrecht Ritter Mertz von Quirnheim, Friedrich Olbricht und viele andere. Soldaten des Widerstandes. Sie wollten die Nazidiktatur beenden und bezahlten dafür mit ihrem Leben. In Ausstellungen wird an sie erinnert, Bücher werden über sie geschrieben, Schulkinder lernen ihre Namen auswendig.

Man muss nicht selbst Soldat sein, um zu erkennen, dass die vielen Männer und Frauen in Uniform, die täglich fünfzig Meter weiter quicklebendig ins Ministerium wuseln, es schwer haben vor solchen Toten. Damals wollten sie Hitler stürzen – und heute? Was soll dem gleichkommen? Vielleicht ist ja deshalb alles so, wie es ist im Bendlerblock, dem Sitz des Verteidigungsministeriums, und seinem Unterbau, der Bundeswehr, weil Soldaten in einem demokratischen Deutschland die Vorbilder, die ihnen hingestellt werden und an denen sie täglich vorbeilaufen, nie erreichen können.

Das Verteidigungsministerium ist ein Hocheffizienz-Häcksler für politische Karrieren. Volker Rühe fiel in den somalischen

Sand, Rudolf Scharping ging baden, Franz Josef Jung stolperte über ein selbst gefertigtes Informationsdesaster, Thomas de Maizière kam als Kanzler der Reserve und ging als Innenminister einer Großen Koalition, das war er zuvor schon einmal. Karl-Theodor zu Guttenberg trat zurück, aber das hatte andere Gründe. Außer Peter Struck, dem raubauzigen Sozi, der zum Einstand den damaligen Generalinspekteur Wolfgang Schneiderhan gleich mal duzte, hat in den vergangenen zwanzig Jahren niemand das Haus schadlos überstanden. Vorne gingen Politiker in voller Hoffnungsträger-Größe hinein – und hinten kamen sie politisch verzwergt wieder heraus, wenn überhaupt. Warum ist das so? Vielleicht liegt es ja auch daran, dass keiner von ihnen den Job wollte, selbst Struck nicht. Sie wurden dorthin abkommandiert, manche machten was draus, andere eher nicht. Die Einzige, die sich freute, die den Posten voller Tatenlust antrat, war Ursula von der Leyen. Sie kannte ja auch den Bendlerblock am wenigsten.

Staatssekretär Gerd Hoofe erzählt, er habe sich an den Alltag im Verteidigungsministerium erst gewöhnen müssen. Die Leute redeten lauter, klopften entschiedener an die Tür als anderswo und sagten stets »Herr Staatssekretär«. Kommt Hoofe in einen Besprechungsraum, stehen alle um den Tisch und setzen sich erst, wenn der Herr Staatssekretär sich hingesetzt und gesagt hat: »Setzen Sie sich, bitte.« Im Arbeitsministerium, daran erinnert sich von der Leyens Schattenmann noch gut, saßen immer schon alle, wenn er den Raum betrat, und »Herr Staatssekretär« habe auch niemand gesagt.

Einem anderen Neuling fällt auf, dass alle immer schon da seien, wenn er um 8 Uhr komme, er sei in einem Ministerium der Frühaufsteher gelandet. Ungewohnt sei auch, wie »unglaublich korrekt, präzise, zuvorkommend« den Hierarchen begegnet werde. Manchmal reiche ein Stirnrunzeln – und Untergebene leiteten daraus eine Weisung ab. In einer ihrer ersten Runden im Lachsraum, in dem sich die Spitze des Ministeriums zur

Morgenlage versammelt, habe von der Leyen einmal auf ein Gemälde an der Wand gezeigt und eher beiläufig die Anwesenden gefragt:»Gefällt Ihnen das Bild?«Am nächsten Morgen war es weg. Auf seine Worte müsse man sehr achten, lockeres Plaudern sei kaum möglich, Ironie sowieso nicht.»Hier wird alles sofort dienstlich.«Das Überkorrekte habe zudem seine Kehrseite: einen Mangel an Flexibilität.

Ein Dritter im Ministerium – und mit ihm seit langem vertraut – sieht einen anderen Mangel als prägend: den an Selbstbewusstsein. Die Juristen im Innenministerium etwa lebten in dem Selbstverständnis, am nächsten Tag, wenn sie es denn wollten, in einer Spitzenkanzlei anfangen zu können.»Unsere Leute sind froh, wenn sie am nächsten Tag noch kommen dürfen.«Gegenüber dem Auswärtigen Amt habe das gesamte Haus einen Minderwertigkeitskomplex. Weil in den Augen der deutschen Öffentlichkeit die Diplomaten auf ihren roten Teppichen stets die Guten seien – und die Soldaten mit ihren Waffen immer die Bösen.

Übergroße Korrektheit, Hierarchiegläubigkeit, Mangel an Flexibilität, fehlendes Selbstbewusstsein: all das ist tief eingesunken in die Betriebsphilosophie des Verteidigungsministeriums, dieses Großapparats mit seinem gigantischen Unterbau, dieses Gewusels aus Stäben, Abteilungen, nachgeordneten Geschäftsbereichen und nachgeordneten Behörden, dieses Wusts an Zuständigkeiten und Mitspracherechten, dieses Monstrums, das sein Eigenleben führt. Über die Jahre hat ein Mix aus beflissener Unterwürfigkeit und bräsiger Starre zwei Phänomene ausgeprägt, die man so in keinem anderen Ministerium findet: das Prinzip der organisierten Verantwortungslosigkeit – und das Prinzip der organisierten Ahnungslosigkeit. Letzteres hat von der Leyen schon mal geschliffen, zumindest an der Spitze.

»Das wollen Sie gar nicht wissen« und »Das müssen Sie gar nicht wissen« sind Sätze, die im Verteidigungsressort als geflügelte Worte gelten. Von der Leyen will aber immer alles wissen.

Am 19. Februar 2014 tagt das Rüstungsboard, ein Gremium, in dem die Ministerin, die vier Staatssekretäre sowie diverse Abteilungsleiter zweimal im Jahr zusammenkommen, um sich über den Stand der 15 wichtigsten von insgesamt 1 200 Rüstungsprojekten auszutauschen. Von der Leyen erwartet von solchen Sitzungen, dass Risiken und Probleme offen auf den Tisch gelegt werden, höhere Kosten ebenso zur Sprache kommen wie mindere Leistungen. »Sie will die Dinge kennen, die sie töten können«, sagt einer aus ihrem Umfeld. Ihr Staatssekretär Stéphane Beemelmans, ein Vertrauter ihres Vorgängers Thomas de Maizière, will etwas anderes, er will, dass alles so bleibt, wie es ist: Er ist zuständig, er kennt die Details, die Ministerin muss das gar nicht wissen. So war es schon immer.

Von der Leyen liest viel, lernt schnell. Die 15 Projektstatusberichte, so heißt das hier, scheinen ihr reichlich geschönt. Sie fragt nach, doch Beemelmans legt keine Risiken und Gefahren auf den Tisch. Sie fragt noch mal nach, doch Beemelmans bringt weder höhere Kosten noch mindere Leistungen offen zur Sprache. Beemelmans hat den Schuss nicht gehört: Seine Chefin will einen Kulturbruch – und er einfach weitermachen. Die Sitzung endet mit drei Ergebnissen: Von der Leyen feuert ihren Staatssekretär, den Abteilungsleiter Rüstung gleich hinterher, und sie bestellt die Wirtschaftsprüfer von KPMG ins Haus, zur Generalüberprüfung der Rüstungsvorhaben. Um eine Nulllinie zu ziehen. Bis dahin ist das euer Schlamassel – und von hier an meine Lösung. Das ist die Idee.

Beemelmans' Entlassung ist mehr als eine Personalentscheidung. Von der Leyen reißt damit auch eine Schutzmauer ein. Heikle Informationen über Rüstungsprojekte, die bis dato nur dem Staatssekretär vorgelegt wurden, gelangen jetzt stets bis zu ihr. Dadurch wird sie zwar nie so ahnungslos dastehen müssen wie ihr Vorgänger de Maizière, der in der Affäre um die Aufklärungsdrohne Eurohawk erklärte, vom Stand seines wichtigsten Rüstungsprojekts erst dann erfahren zu haben, als sein Staatssekretär Beemelmans es kippte. Es ist jetzt aber auch niemand mehr da, der die Pfeile abfängt. Jemand, den man verantwortlich machen kann, wenn es eng wird. Sie ist jetzt selbst verantwortlich. Ende Januar 2015 schlägt ein erster Pfeil ein. Der Bundesrechnungshof bemängelt, dass die Bundeswehr Kampfhubschrauber der Typen NH90 und Tiger zu teuer eingekauft und technische Mängel akzeptiert habe. Der Vertrag hierüber lag schon vor, als von der Leyen Ministerin wurde, letzte Details wurden aber erst in ihrer Amtszeit ausverhandelt. Die vermeintliche Nulllinie könnte sich als durchlässig erweisen. Das ist die Gefahr.

Das Prinzip der organisierten Verantwortungslosigkeit ist schwerer zu fassen als sein Zwilling, die organisierte Ahnungslosigkeit. Im Verteidigungsministerium ist für Rüstungsprojekte die Abteilung »Ausrüstung, Informationstechnik und Nutzung« zuständig. Dann gibt es aber noch ein »Bundesamt für Ausrüstung, Informationstechnik und Nutzung der Bundeswehr« mit Hauptsitz in Koblenz, das auf die hübsche Abkürzung BAAINBw hört, für Insider noch kürzer: BAAIN. Zum BAAINBw gehören – oder sind ihm nachgeordnet – auch das Planungsamt der Bundeswehr in Berlin-Köpenick, das Amt für Heeresentwicklung in Köln und die Wehrtechnische Dienststelle 41 in Trier. Ingesamt arbeiten für den BAAINBw-Komplex bundesweit 9 600 Menschen. Sie verhandeln alle Anschaffungen der Armee. Viele von diesen Menschen kennen andere Menschen, die in der Rüstungsindustrie arbeiten. Man geht mal zusammen essen, trifft sich bei Lobbyveranstaltungen, telefoniert miteinander. Am Ende liefert die Industrie Rüstungsgüter, die zu teuer, zu schlecht und zu spät hergestellt wurden. Die Bundeswehr braucht sie oft nicht einmal. Schickt die Spitze des Ministeriums Nachfragen in dieses BAAINBw-Wesen, woran es denn liege, dass die Dinge immer wieder so schieflaufen, werden sie von den Gedärmen des Wesens rückstandsfrei verdaut. Ausgeschieden wird am Ende immer nur der Minister.

Der ehemalige Staatsekretär Walther Otremba, Karl-Theodor zu Guttenbergs Mann für die Rüstung, beschrieb dieses Phänomen einmal wie folgt:»Jeder zeigt auf den anderen: die Militärs auf das Amt für Ausrüstung, das falsch bestellt und überwacht, sowie auf die Haushälter, die die Mittel für die Instandhaltung verweigerten – also auf die zivilen Stellen, die auf die von Militärs geforderten, unfinanzierbaren ›Goldrandlösungen‹ verweisen. Und alle zusammen auf eine Rüstungsindustrie, die Zusagen nicht einhalten kann; und die Rüstungskonzerne auf die Politik, die es nicht schafft, ihr Überleben sichernde Rahmenbedingungen zu schaffen.«

Neben diesen beiden Prinzipen der Ahnungs- und der Verantwortungslosigkeit prägt das Verteidigungsministerium ein doppeltes Schisma: das zwischen Bonn und Berlin und das zwischen Militärs und Zivilisten.

Hardthöhe, so hieß einst das Synonym für Verteidigungsministerium. Und hier, im Bonner Stadtbezirk Hardtberg, liegt noch immer sein erster Dienstsitz. Das ist zwar ein bisschen so, als sei Helmut Kohl heimlich noch Kanzler, aber die Bonner beharren darauf, sie haben ja auch mehr Stellen als die Berliner, das soll sich aber in den nächsten Jahren auf jeweils 1 000 angleichen. Aus dem öffentlichen Bewusstsein ist die Hardthöhe komplett verschwunden – und aus dem der Berliner Kollegen eigentlich auch. Schlagzeilen, wenn auch nur im örtlichen *Generalanzeiger*, machte die Hardthöhe zuletzt im Sommer 2014, als man einen Gärtner entließ, der eine tote Kohlmeise auf den Stuhl seines Kollegen gelegt und einen Zettel dazugepackt hatte:»Heute sie, morgen du«. Ein Smiley dahinter konnte den Gärtner auch nicht mehr retten. Wenn die Ministerin alle Jubeljahre mal auf die Hardthöhe komme, erzählt ein Berliner, erwachten die Bonner aus ihrem Dornröschenschlaf, simulierten Betriebsamkeit und legten sich, sobald die Ministerin wieder weg sei, umgehend wieder hin. Viele von den Bonner Männern trügen übrigens noch Schnäuzer. Sie mögen sich nicht besonders, die Bonner und die Berliner. Die Abneigung ist für den Zusammenhalt im Verteidigungsministerium ähnlich förderlich, wie es 600 Kilometer Entfernung zum Kollegen sind.

Schlimmer noch wirkt sich die Spaltung zwischen Militärs und Zivilisten aus, vor allem im Berliner Bendlerblock, dem Machtzentrum. Viele Militärs, die dort arbeiten, waren zuvor gemeinsam im Auslandseinsatz, in Afghanistan, auf dem Balkan oder sonst wo. Die Zivilisten, Beamte in der Regel, waren höchstens mal gemeinsam in der Kantine. Das prägt. Die Militärs, zumeist höhere Offiziere, halten sich für die Wichtigen im Haus, die Elite. Sie sind diejenigen, die sich auskennen mit Gefahr und Gewalt, die Zivilisten kennen sich nur aus mit Akten und Zahlen. Im Bendlerblock, so denken die Militärs, sind es die Anzugträger, die dienen sollen, nicht die Uniformierten.

Die Zivilisten denken anders, sie denken: Was kümmert's uns? Der Militär, der sich hier so aufplustert, wird in zwei bis drei Jahren ohnehin wieder versetzt, dann ist er weg – und wir sind dann immer noch da. Den Aufgeplusterten sitzen wir auch noch aus, wie wir alle anderen auch ausgesessen haben. Die eigentlichen Herrscher im Bendlerblock, das sind wir. Elite plus Sitzfleisch ergibt Stillstand. Und Groll. Beides findet man reichlich im Bendlerblock.

Das Größte im Leben vieler Soldaten ist es, eine Brigade zu befehligen. Für bis zu 5000 Soldaten ist man dann die Respektsperson, derjenige, der alle führt, ein Brigadegeneral. Bei Versetzung ins Ministerium wird aus dem Brigadegeneral ein Unterabteilungsleiter, was sich nicht mehr so imposant anhört. Respekt, Befehl und Gehorsam erwartet der General Unterabteilungsleiter aber auch hier. Diese Erwartung verstärkt das ohnehin schon starre Hierarchiedenken im Bendlerblock, gerade unter den Militärs. Machen Ein-Sterne-Generäle einen Vorschlag, so erzählt jemand aus dem Haus, hören Drei-Sterne-Generäle gar nicht erst hin. Eine Reihe von Ministern hätte sich ähnlich verhalten. Sie hätten zuerst auf die Schulterklappen geschaut, bevor sie eine Meinung hören wollten. Von der Leyen schaue nie auf Schulterklappen. Sie wolle Meinungen immer direkt hören. Die Frontstellung Militär gegen Zivilist ist nicht komplett statisch, zuweilen bricht sie auf, und dann formieren sich Zweckbündnisse. Wie heftig diese Bündnisse aufeinanderprallen können, wird deutlich, wenn man sich nach Rüdiger Wolf erkundigt. Rüdiger Wolf ist jener Mann, den von der Leyen unmittelbar nach Amtsübernahme als Staatssekretär feuerte, weil sie Platz für ihren Hoofe brauchte. Wolf war zuvor 31 Jahre lang in der Bundeswehrverwaltung tätig, er kannte den Laden in- und auswendig.

Fragt man also, ob es richtig gewesen sei, einen solch erfahrenen Mann zu entlassen, erzählen die einen vom »Schreckensregime Rühe« und vom »System im System Wichert« – und dass Wolf stets ein Teil davon gewesen sei. Der damalige Verteidigungsminister Volker Rühe und sein Staatssekretär Peter Wichert hätten mit der Methode »Shock and Awe« geherrscht, mit Schrecken und Ehrfurcht, mit Maßnahmen, die auf Schockwirkung angelegt waren, um Widersacher einzuschüchtern. Als Rühe 1998 ging, machte Wichert weiter, und Wolf stieg auf. Als Wichert 2009 ging, machte Wolf weiter. Wolf zu entlassen sei vollkommen richtig gewesen, bilanzieren die einen, höchste Zeit. Andere erzählen etwas anderes. In ihrer Geschichte ist Wolf ein Supertyp und Vollprofi, der Einzige, der den Moloch Bundeswehr beherrschte und die Schlangengrube Bendlerblock im Griff hatte. Dritte wiederum meinen, beide hätten Recht, die einen wie die anderen. Wolf sei ein exzellenter Mann, es sei aber richtig gewesen, ihn zu entlassen. Der Staatssekretär hätte nie eine Ministerin akzeptiert, die glaubt, ihm was sagen zu können.

Von der Leyen wird oft dafür kritisiert, dass es in ihrem Umfeld keinen Zivilisten gibt, der das Verteidigungsministerium wirklich kennt, seine Strukturen, seine Traditionen, seine Fallstricke. Gibt es auch nicht. Generalinspekteur Volker Wieker ist nun mal ein Soldat. Die engsten Berater der Ministerin, Staatssekretär Hoofe und Pressesprecher Flosdorff, haben noch nicht einmal Wehrdienst geleistet. Und der Leiter der Abteilung Politik, der Zivilist Geza von Geyr, ist zwar ein ausgewiesener Fachmann für Sicherheitspolitik, stammt aber aus dem Auswärtigen Amt. Alle Verteidigungsminister der letzten zwanzig Jahre – Rühe, Scharping, Struck, Jung, zu Guttenberg, de Maizière – hatten ausgewiesene zivile Experten für Hardthöhen-Kunde und Bendlerblockologie an ihrer Seite – und was hat es ihnen gebracht? Der Karriere-Häcksler hat sie geschreddert, alle, bis auf Struck. Und schlimmer noch: Unter all den großartigen Experten und erfahrenen Insidern, die von der Leyen leider fehlen, haben sich die Zustände in Bundeswehr und Bendlerblock nicht verbessert, sondern verschlimmert. Vielleicht ist der Kenner, der den Laden schmeißt, ja nicht Voraussetzung für eine Lösung, sondern Teil des Problems.

Schlanklügen und Schönreden

Schlanklügen geht so: Die Bundeswehr wünscht sich einen neuen Kampfpanzer, nennen wir ihn Puma. Das BAAINBw-Wesen spuckt in Kooperation mit dem Ministerium und nach Rücksprache mit der Industrie die Zahl 285 Millionen Euro pro Stück aus. Das sind sehr viele Millionen – und vor allem steht ganz vorn eine »2«. Eine »1« wäre aber hübscher, heißt es aus der Politik, denn der Deal muss nicht nur vom Haushaltsausschuss genehmigt, sondern auch der Öffentlichkeit verkauft werden. Also gehen die Beamten im Ministerium und dem BAAINBw-Wesen noch mal in sich, rechnen nach, knausern hier, knausern da, und – oh Wunder! – am Ende steht da die »1«. Und dahinter 98,3. Ein Demonstrator wird gebaut, dann noch einer und noch einer, bis es fünf sind. Richtig funktioniert keiner, als die Serienproduktion beschlossen wird. Erste Tests mit den fertigen Panzern ergeben dann, dass sie nicht alles können, was sie können sollen. 2018, so das jüngste Versprechen, sollen sie einsatzfähig sein. Wenn alles gut geht, werden zwischen dem Wunsch nach dem Puma und dem Einsatz des Pumas 16 Jahre vergangen sein.

Schönmelden geht so: Irgendwer, weit unten im Gedärm des Monstrums, stellt fest, dass etwas kaputt ist, schreibt »defekt« auf ein Formular und reicht es weiter. Nun ist »defekt« kein so schönes Adjektiv, und auf jedem Schreibtisch, den das Formular auf seinem stationsreichen Weg nach oben passiert, finden sich schönere Adjektive, solche, die man gern liest, bis der Entscheider ein »einsatzfähig« vor Augen hat. Der Vorteil bei der Verschönerung von Adjektiven liegt auf der Hand: Wenn alles in Ordnung ist, muss man sich um nichts kümmern. Wer meldet, dass etwas nicht stimmt, wird gefragt, warum er das Problem nicht löst. Nach oben Wegmelden ist ein großer Sport im Staatskonzern Bundeswehr und seinem Wasserkopf, dem Verteidigungsministerium. Und ein wunderbares Beispiel für das Gelingen von Verantwortungslosigkeit.

Sich über den Tisch ziehen lassen geht so: Die Bundeswehr wünscht sich eine neue Fregatte, nennen wir sie F125. Noch bevor sie fertig gebaut ist, löst sich die Brandschutzbeschichtung großflächig ab, die Farbschichten wurden zu zügig aufgetragen, die Lackierer müssen noch mal ran. Die Fregattenbauer beantragen Schadenersatz – beim Auftraggeber, dem Bund. Die Verträge geben das her.

Nicht-rechnen-können geht so: Die Bundeswehr wünscht sich einen neuen Kampfjet, nennen wir ihn Jäger 90. Es sind die 80er Jahre, die Mauer steht noch, der Generalsekretär der KPdSU heißt Juri Andropow und der Torschützenkönig der Bundesliga Karl-Heinz Rummenigge. Briten, Spanier und Italiener machen auch

mit beim Jäger. Die Jahre vergehen, die Mauer fällt, die Sowjet-
union stürzt ein, Deutschland wird zweimal Weltmeister und der
Jäger 90 heißt längst Eurofighter. Nur wollen die Italiener dies
am Eurofighter ändern, die Briten das, die Spanier jenes und die
Deutschen auch irgendwas. Aus einem werden vier Modelle – das
macht die Stückzahl teurer, Kosten explodieren, und der Bundesrechnungshof kommt im April 2014 zu der Einschätzung, dem
Ministerium »fehlt es an Transparenz über die aufgelaufenen
und noch anfallenden Ausgaben«. Nur eines ist klar: »Mit dem
Eurofighter verfolgt die Bundeswehr das teuerste deutsche Rüstungsvorhaben.« Wie teuer genau, weiß niemand. Und, ach ja,
ausgeliefert sind mittlerweile mehr als hundert Maschinen. Nur
könnte die Regierung ihre Eurofighter, wenn sie denn wollte, bei
den Luftschlägen gegen die IS-Horden in Syrien und Irak nicht
einsetzen. Sie könnten derzeit nur »Luft-Luft-Kämpfe« durch-
führen, meint einer, der es wissen muss, damit »Luft-Boden«
klappe, müsse man nachbessern. Es ist ein bisschen so, als hätte
Lionel Messi, der teuerste Fußballer der Welt, nur einen Fuß.

Nachlesen kann man das alles – und noch viel mehr – auf
1511 Seiten eines Gutachtens der Unternehmensberatung KPMG,
angefertigt im Auftrag der Verteidigungsministerin. Es ist ein
Wälzer der Unzulänglichkeiten, ein Kompendium des Versa-
gens. Vier Bände Pleiten, Pech und Chaos. Die neun größten
Rüstungsprojekte der Bundeswehr haben die Experten unter-
sucht – und 140 Fehler markiert. Für von der Leyen ergibt sich
daraus eine ganze Reihe von Aufgaben: Sie muss in ihrem Haus
Waffengleichheit mit der Industrie herstellen, indem sie Juristen
einstellt, die nicht, wie bisher üblich, Formverträge aus dem In-
ternet runterladen, während die Gegenseite mit den besten An-
waltskanzleien im Schlepptau zu Verhandlungen erscheint. Sie
muss Meldeketten verkürzen, für mehr Transparenz sorgen, ein
Frühwarnsystem einrichten. Sie muss das Schlanklügen aus-
merzen, das Schönmelden beenden, dafür sorgen, dass sich das

Haus nicht mehr über den Tisch ziehen lässt und das Rechnen lernt, kurz: Sie muss Ordnung ins Chaos bringen. Und weil das eine erfolgreiche Unternehmensberaterin besser kann als eine ehemalige Ärztin, muss sie das Chaos nicht selbst ordnen, das muss Katrin Suder, ihre Staatssekretärin.

Zum verteidigungspolitischen Großdesaster des Sommers 2014, als die Bundeswehr zur Lachnummer der Republik verkam, trug neben der monströsen Ineffizienz des Apparates auch noch ein anderer Faktor bei: zu viel marodes Material. Von 21 Marine-Hubschraubern des Typs Sea King waren gerade mal drei einsatzfähig, von 109 Eurofightern 43, von 180 Transportpanzern Boxer 70, von vier U-Booten eins. Zum Offenbarungseid kam es, als die Regierung einräumen musste, dass Deutschland seine NATO-Verpflichtungen nicht erfüllen konnte.

Im Jahr 2010 wurde im Verteidigungsministerium umgeschichtet: Alle Kraft und alle Mittel in den Einsatz, lautete das Motto. Gelder, die für die Wartung und Instandhaltung vorgesehen waren, wanderten in eine bessere Ausrüstung für die Soldaten im Einsatz, also nach Afghanistan. Und zu Hause fehlte das Geld für Ersatzteile. Wenn dann noch überaltertes Gerät, das weiterhin benutzt werden muss, weil sich das neue um Jahre verspätet, reihenweise ausfällt, ist das Desaster komplett.

Für Ursula von der Leyen ist das Desaster eine Chance und die Misswirtschaft entlastend. Die Pannenserie hatte viele Väter, aber keine Mutter. Zu altes Gerät, zu wenige Ersatzteile, zu schlechte Verträge, zu ineffiziente Verwaltung, zu große Nähe zur Industrie: all das gab es schon, bevor sie ins Amt kam. Indem sie der KPMG die Krankenakte Bundeswehr vorlegen ließ, hat sie das der Öffentlichkeit deutlich gemacht. Zur Besserung des Patienten trägt allein schon bei, dass er nun nicht mehr in Afghanistan kämpfen muss. Das schont seine Geräte, das spart ihm Ressourcen, das sorgt dafür, dass seine Ersatzteile wieder da sind, wenn er sie braucht. Er wird zwar weiterhin Probleme mit den Flugzeugen und Beschwerden an den Schiffen haben, aber so schlimm wie im Horrorsommer 2014, als er fast bewegungsunfähig war und kaum noch aus der Kaserne kam, wird es nicht mehr werden. Frau Dr. von der Leyen wird man das als gelungene Therapie anrechnen. Und wenn nicht »man«, dann sie selbst.

Das Chaos bei der Rüstung zu beenden wird zwar deutlich schwerer werden. Aber es gab schon einmal einen vergleichbar hoffnungslosen Fall: die Bundesagentur für Arbeit. Doch dann wurde Frank-Jürgen Weise 2004 zum Vorstandsvorsitzenden berufen. Weise, ein Mann der Wirtschaft, bescheiden, effizient, war nicht nur getrieben von dem eisernen Willen, für den riesigen Staatsapparat ein wirksames Controlling einzuführen, er setzte ihn auch durch, typisch Reserveoffizier. Längst gilt die Bundesagentur als bestens geführte Behörde. So viel muss der Rüstungs-Staatsekretärin Suder auf Anhieb ja gar nicht gelingen. Wenn das Ministerium künftig Verträge abschließt, bei denen der Bund nicht 100 Prozent des Risikos trägt und die Industrie 300 Prozent des vereinbarten Festpreises einstreicht, wäre das auch schon nicht schlecht.

Noch etwas kommt hinzu: Der IS-Terror in Syrien und im Irak sowie die Gewaltexzesse im Osten der Ukraine lassen die deutsche Bevölkerung allmählich umdenken. Noch vor kurzem wollten viele den Etat des Verteidigungs- so lange an das Sozial- und das Umweltministerium umverteilen, bis sich ganz Deutschland um ein Lagerfeuer versammelt und *We shall overcome* singt. Die Zeit der Wohlfühl-Fantasien ist vorbei. In Umfragen befürworten immer mehr Deutsche eine Erhöhung der Ausgaben für die Bundeswehr. Sie wollen zwar keine Kampfeinsätze, aber mehr Sicherheit. Wenn von der Leyen 2017, zum Ende dieser Legislaturperiode, nicht nur weniger Ausfälle beim Gerät, weniger Häme über die Bundeswehr, sondern auch noch mehr Geld in ihrem Etat vorweisen kann, wird sie sein, was im Bendlerblock lange Zeit niemand war: erfolgreich.

9 FOREIGN AFFAIRS

»Wann, wenn nicht jetzt?
Wo, wenn nicht hier?
Wer, wenn nicht wir?«

John F. Kennedy

Ursula von der Leyen steht vor dem Haus, in dem die Macht zu Hause ist. Ein Zaun trennt die beiden. Weiße Gitterstäbe. Ob sie dran rüttelt, so, wie einst der junge Gerhard Schröder an Gitterstäben gerüttelt hat? Die Journalisten, die sie hierher begleiten, zum Sehnsuchtsort der Ambitionierten, zücken schon mal ihre Handy-Kameras. Doch von der Leyen rüttelt nicht. Unvorstellbar, dass sie es tun würde. Dafür hat sie, wie der Altkanzler Schröder das immer so schön drastisch formuliert, als Kind zu wenig Fensterkitt gefressen. Außerdem ist es der falsche Zaun.

Im April 2012 besucht von der Leyen ihre amerikanische Amtskollegin, die Arbeitsministerin Hilda Solis in Washington. In der Mittagspause beschließt sie einen Kurztrip, 1600 Pennsylvania Avenue, das Weiße Haus. Ihre Töchter Johanna und Victoria seien ja in Kalifornien geboren und damit amerikanische Staatsbürger, erzählt sie. Sie als Deutsche könne nicht US-Präsidentin werden. Aber bei den Mädchen, witzelt sie, sei noch alles drin.

Jetzt, als Verteidigungsministerin, ist Ursula von der Leyen dort angekommen, wo sie immer schon hinwollte: auf der großen Bühne der internationalen Politik. Sicherheitskonferenzen, NATO-Gipfel, IS-Terror und die Geheimsprache der Bundeswehreinsätze: KFOR, UNIFIL, Resolute Support – das ist jetzt ihr Alltag. Für ihre Aufgabe fühlt sie sich prädestiniert. In Brüssel, London und in Stanford hat sie gelebt, sie wechselt vom Deutschen ins Englische und vom Englischen ins Französische, in jeder dieser Sprachen ist sie zu Hause.

Auf der großen Bühne macht sie jedoch gleich zwei bittere Erfahrungen: Außen- und Sicherheitspolitik funktionieren ganz anders, als man es sich als Weltbürgerin vorstellt. Und: Ihr System, die Methode, wie sie Politik macht, stößt an seine Grenze.

Die Neben-Außenministerin

Die Weltbürgerin war bis zu ihrem Wechsel ins Verteidigungsressort immer ganz bei sich, wenn sie weit weg war. Etwa, wenn sie an internationalen Treffen und Konferenzen teilnehmen konnte, in Neapel, Oslo, Madrid – oder in Boston.

Die Harvard-Universität ist eingeschneit, als die deutsche Arbeitsministerin an einem Vormittag im Februar 2012 den großen Hörsaal betritt. 800 Besucher sind gekommen, die Hälfte davon ist weiblich, von der Leyen sieht viele aufgeklappte Notebooks, Krawatten und Kostüme. Es geht um ein Thema, mit dem sie zwei Jahre später – als frisch gekürte Verteidigungsministerin – für Schlagzeilen sorgen wird: Deutschlands internationale Verantwortung. In Harvard redet sie vor Zuhörern, die überwiegend der Meinung sind, dass die Deutschen zu wenig leisten und ihre Nazi-Vergangenheit als Ausrede benutzen, um sich wegzuducken, wenn es schwierig wird.

Hier, an der Eliteschmiede, wo schon viele deutsche Politiker in Ehrfurcht erstarrt sind, agiert von der Leyen, als sei sie zu Hause, aufgeräumt und unverkrampft. In ihre Rede mischt sie kleine Anekdoten und große Gesten mit einem gehörigen Schuss Pathos. Sie erzählt vom Amerika-Stipendium ihres Vaters nach dem Zweiten Weltkrieg und davon, wie persönlich sie das Projekt Europa nimmt. »I love Europe«, ruft sie in den Saal – ein Satz, der Angela Merkel nie über die Lippen gehen würde, schon gar nicht mit dieser Emphase. Groß denken und andere mitreißen, in den USA finden sie das toll. Hier lächeln die Menschen auch genauso gern wie die deutsche Ministerin. Im Laufe ihres Auftritts spürt man immer deutlicher, wie amerikanisch von der Leyen doch ist, wie sehr die Jahre in Kalifornien sie geprägt haben. Füttert sie Tiere und wirft ihnen Leckereien zu, sagt sie:»Yummy!«

Von der Leyen redet über das Deutschland, das sich aus Sicht der USA so vor dem Führen fürchtet, und über das Europa, das sie liebt. Es geht um Zuwanderung, Geburtenraten und Bildung, sie zeigt Charts mit vielen Zahlen und betont, dass es bei der Eurokrise am Ende weniger um Schulden als um Vertrauen gehe. Alles klingt dringend und zugleich optimistisch, amerikanisch halt. Sie lässt eine Botschaft aufschimmern, über die sie kurz darauf auf einem Podium mit dem früheren griechischen Premier Giorgos Papandreou diskutiert: Die Sozialpolitik ist ein Instrument, um das gespaltene Europa zu einen. In dieser Botschaft werden ein Anspruch und eine Grundhaltung erkennbar: Ich mische mit, wenn es um so Großes wie Europa und die Welt geht, lautet der Anspruch. Und die Grundhaltung: Die Zeit, in der – neben den Regierungschefs – allein die Außenminister die Außenpolitik bestimmen, ist vorbei.

Von der Leyen hat sich in den Jahren als Arbeitsministerin systematisch zu einer Art Neben-Außenministerin aufgebaut. In einem ersten Schritt sprach sie sich 2011 mit großer Verve für die »Vereinigten Staaten von Europa« aus und grenzte sich damit von der kopfgesteuerten, emotionsfreien Europapolitik der Kanzlerin ab. In einem zweiten nutzte sie die Euro-Rettungspolitik als Vehikel.

Über einen Umbau der Sozialsysteme in den Krisenländern, so fand sie, müssten doch wohl auch die Arbeits- und nicht allein die Finanzminister reden. Diesen Gedanken streute sie unter ihre Kollegen in Europa – und bald darauf tagten Europas Arbeits- und Finanzminister regelmäßig gemeinsam. Gezielt rückte sie dabei den Kampf gegen Jugendarbeitslosigkeit ins Zentrum.

Höhepunkt waren zwei Gipfelpremieren: Anfang Juli 2013 trafen sich die 28 EU-Arbeitsminister mit den 28 EU-Staats- und Regierungschefs zur »Konferenz zur Förderung der Jugendbeschäftigung« im Berliner Kanzleramt. Drei Wochen später durften zwanzig Arbeitsminister erstmalig mit zum G20-Treffen nach Moskau reisen.

Von der Leyen profiliert sich in dieser Zeit als Kümmerin, als die deutsche Spitzenpolitikerin, die auch die Nöte der Menschen anderswo kennt und arbeitslosen Jugendlichen eine Perspektive bieten will, ob sie in Offenbach und Bremen leben oder in Neapel, Sevilla, Posen und Manchester. Fachminister, davon ist sie überzeugt, werden künftig die Außenpolitik entscheidend mitbestimmen. Hinter ihrem Engagement für Europas Jugend verbirgt sich aber auch eine Botschaft: Ich weiß um die deutsche Verantwortung in Europa und der Welt – besser als andere. Auch besser als die Kanzlerin.

Das Wissen speist sich noch aus einer anderen Erfahrung. Auf ihren Reisen erlebt die Arbeitsministerin, wie sehr ihre Gesprächspartner Deutschland für sein Management der Eurokrise bewundern, wie viel sie den Deutschen zutrauen – und wie viel sie auch von ihnen erwarten. Gerade im krisengebeutelten und verunsicherten Amerika wird sie häufig gebeten, das »deutsche Modell« zu erklären. Angesehene Institutionen hofieren sie. Neben Harvard hält sie Vorträge in New York, in Princeton und Washington. In internen, nichtöffentlichen Gesprächen vertritt sie damals schon die Auffassung, Deutschland müsse international mehr Verantwortung übernehmen, seine wirtschaftliche Macht stehe im Missverhältnis zum sicherheitspolitischen Engagement. Die »Kultur der Zurückhaltung«, mit der Außenminister Guido Westerwelle stets begründet, warum sich Deutschland ausklinkt, wenn die Welt über militärische Interventionen nachdenkt, betrachtet sie mit Geringschätzung, ja Verachtung. Allein schon deshalb, weil sie, wie ein Vertrauter meint, »einfach nicht der Typ ist, der sich in die Büsche schmeißt, wenn es schwierig wird.«

Ihre Erfahrungen als Außenministerin für Sozialpolitik – das ist die eine Vorprägung, mit der von der Leyen in das Feld der Außen- und Sicherheitspolitik einsteigen wird. Und die andere ist ihre Begeisterung für die USA.

Fragt man sie, ob sie sich eher zur amerikanischen oder zur französischen Kultur hingezogen fühlt, sagt sie ohne zu zögern: »Ganz klar USA.« Die Erwartung, alles erreichen zu können, wenn man es nur will, imponiert ihr, die Freundlichkeit im alltäglichen Umgang schätzt sie. Beides, der Ehrgeiz und das Unkomplizierte, findet sich auch in ihr. Sie sieht in den Vereinigten Staaten keineswegs die absteigende Nation, die Supermacht im Fall. Die US-Universitäten, davon ist sie überzeugt, werden weiterhin die Klügsten und Fleißigsten aus aller Welt anziehen. Und in den Wissensgesellschaften der Zukunft wird die Attraktivität für qualifizierte Zuwanderer über ökonomischen Erfolg entscheiden.

Und in noch einem Punkt tickt sie sehr amerikanisch: Sie hält es für falsch, in internationalen Konflikten alle militärischen Mittel von vornherein auszuschließen. »All options are on the table« – das ist ein Prinzip amerikanischer Politik, dem sie etwas abgewinnen kann. Damit steht sie in Deutschland aber ziemlich allein da. Und in der Bundesregierung auch.

An der Systemgrenze

Als von der Leyen im Dezember 2013 ins Verteidigungsministerium wechselt, landet sie in einem Ressort, in dem es so schnell und so oft schwierig wird, dass sie leicht versucht sein könnte, sich in die Büsche zu schlagen. Ist sie aber nicht. Nach sechs Wochen im Amt verkündet die Neue auf der Münchner Sicherheitskonferenz, dass Deutschland künftig mehr Verantwortung in der Welt übernehmen wolle. »Gleichgültigkeit ist keine Option«, sagt sie. Die gleiche Botschaft verkünden zwar auch der Bundespräsident und der Außenminister, doch bei ihr ist der Aufschrei besonders groß. So neu, so unerfahren und so große Worte. Dabei hat sie sich nicht, wie Kritiker meinen, an die Haltung von Joachim Gauck und Frank-Walter Steinmeier drangehängt. Sie hat nur ausgesprochen, was sie seit langem denkt. Und das schließt mehr Auslandseinsätze der Bundeswehr ein.

Große Worte gehören zum System von der Leyen: Sich ein Thema suchen, das Aufmerksamkeit garantiert, nicht lange nachfragen, was ihre Partei davon hält, die gesellschaftliche Mehrheit mit großen Worten mobilisieren und die Politik zwingen, sich hinter ihr zu versammeln – diese Methode hat sie von der niedersächsischen Provinz auf die Weltbühne gebracht. Doch ausgerechnet dort streikt das System: Die Mehrheit will sich nicht mobilisieren lassen. Und die Politik sich nicht hinter der Vorprescherin versammeln.

Zunächst muss von der Leyen aber erst mal erklären, was sie mit mehr Verantwortung eigentlich meint. In den Wochen nach ihrem Münchner Auftritt wird sie von Journalisten bei jeder Gelegenheit danach gefragt. Wo soll Deutschland sein militärisches Engagement ausweiten, in welchen Krisengebieten? Jetzt, da doch der Abzug aus Afghanistan bevorsteht. Im westafrikanischen Mali sieht von der Leyen einen Kandidaten, in der Zentralafrikanischen Republik einen zweiten. Im Norden Malis wüten islamistische Terroristen; sie töten Menschen und vernichten jahrhundertealte Kulturschätze; die mystische Stadt Timbuktu, Welterbe der UNESCO, droht zerstört zu werden. In Zentralafrika tobt ein Bürgerkrieg, Rebellen gegen Machthaber, Moslems gegen Christen. Von der Leyen redet jetzt stets vom »Nachbarkontinent Afrika«. Das ist geschickt, denn um Nachbarn muss man sich kümmern. Selbst wenn sie in Bamako und Bangui und damit mehr als 5 000 Kilometer Luftlinie entfernt wohnen.

Das Mehr an Engagement für den Nachbarn erschöpft sich am Ende in ein bisschen Soldatenausbildung in Malis friedlichem Süden und in ein bisschen Logistik für Zentralafrika. Französische Soldaten kämpfen – und deutsche fliegen sie hin. Von der Leyen lernt, dass sie die gesellschaftliche Mehrheit nicht als Partner an ihrer Seite hat, wenn sie von einer größeren Rolle Deutschlands bei internationalen Konflikten spricht. Sie steht ihr als Widersacher gegenüber. Und zwar sehr entschieden.

Das Deutschland, in dem die vormalige Arbeitsministerin Inhaberin der Befehls- und Kommandogewalt geworden ist, ist ein zutiefst pazifistisches Land, seine Bevölkerung lehnt die Beteiligung deutscher Soldaten an Militärinterventionen mit großer Mehrheit ab. Mehr Verantwortung mögen sie nicht. Diskutiert die Welt, wie 2011, darüber, ob ein libyscher Diktator, der eine Aufständischen-Hochburg bombardieren lässt, mit militärischer Gewalt gestoppt werden soll, mahnt Deutschland zum Abwägen – und sagt am Ende:»Ohne uns.« Diskutiert die Welt, ob ein Terrorheer, das Geiseln köpft oder bei lebendigem Leibe verbrennt, mit Luftschlägen bekämpft werden soll, kommt das»Ohne uns« vom Außenminister und der Kanzlerin sogar reflexartig, ganz ohne Abwägen. Und die Verteidigungsministerin? Sie hält das »Ohne uns« für falsch. Sie sagt es aber nicht öffentlich und setzt darauf, dass die Diskussion über Terrorgefahr und IS-Gräuel die Einstellung der Menschen verändert – und damit auch das Handeln der Kanzlerin.

Merkel ist geprägt von den Erfahrungen aus der Debatte um den Irakkrieg aus dem Jahr 2003. Damals präsentierte sie sich als bellizistische Oppositionspolitikerin, die an der Seite des US-Präsidenten George W. Bush das Nein der rot-grünen Bundesregierung zur»Koalition der Willigen« hart attackierte. Das Desaster dieses Krieges – von der erlogenen Begründung bis zum Chaos nach dem Ende – befeuerte nicht nur sämtliche Vorbehalte der Deutschen gegen militärische Interventionen. Es zwang auch Merkel zu einer persönlichen Wende. Als Bundeskanzlerin stellte sie sich von 2005 an forsch an die Spitze des neudeutschen Antimilitarismus – dort steht sie heute noch. Keine deutschen Soldaten, wo getötet oder gestorben werden könnte, gilt ihr heute als Maxime. Im Sommer 2014 ließ sie ihren außenpolitischen Chefberater öffentlich verkünden, die Bundeswehr werde sich auf absehbare Zeit nicht mehr an einem Auslandseinsatz im Umfang der Afghanistan-Mission beteiligen. Ein knappes halbes Jahr, nachdem von der Leyen in München erklärt hatte, Gleichgültigkeit sei keine Option, war sie wieder eine.

Der Kritiker

Von der Leyen hat zu allem Internationalen ein emotionales Verhältnis. Das ist ein Resultat ihrer Biografie. Die Außen- und Sicherheitspolitik ist aber ein hochrationales System. Es gibt feste Regeln, eingeschliffene Rituale, starre Formen und Formeln, fast so wie im japanischen Nō-Theater. Die Protagonisten müssen in heiklen Situationen die Fähigkeit mitbringen, aus Nuancen, aus kleinen Abweichungen im Verhalten oder im Sprachduktus ihrer Gegenspieler ablesen zu können, ob diese sich inhaltlich bewegen. Und sie müssen komplexe Gebilde wie die UNO, die NATO, die EU kennen und verstehen. Von der Leyen hat immer gedacht, perfekte Kenntnisse in zwei Fremdsprachen und knapp zwanzig Jahre Auslandserfahrung seien Belege dafür, dass die internationale Politik ihre eigentliche Berufung sei. Am Ziel angekommen, musste sie erkennen, dass andere sie erst am Start sahen. Es war ihr zwar klar, dass sie sich in viele Themen würde einarbeiten müssen. Es war ihr aber nicht klar, dass von ihr erwartet wurde, sich neu zu erfinden und ihre Methode, Politik zu machen, anzupassen an eingeschliffene Rituale und komplexe Gebilde. Das jedoch wollte sie nicht. Und deshalb hat sie Krach mit dem Außenminister.

Das Außen- und das Verteidigungsministerium sind zugleich Partner und Widersacher, die kulturell kaum unterschiedlicher sein könnten. Das Auswärtige Amt versucht andere Länder, andere Regierungen, andere Gesellschaften zu verstehen, indem es mit seinen Diplomaten und Mitarbeitern, seinen Netzwerken und Informanten bis in deren feinste Kapillaren vordringt und alles ausdeutet, was es auf dem Weg dahin entdeckt. Es agiert osmotisch, passt sich den Gegebenheiten an, die es vorfindet. Schickt hingegen das Verteidigungsministerium Soldaten ins Ausland, errichten sie ein Feldlager, bauen Befestigungsanlagen um es herum und trennen ihren Müll. Das Verteidigungsministerium exportiert ein Stück Deutschland und schottet es ab.

Das ist das kulturelle Spannungsfeld, in dem sich die deutsche Außen- und Sicherheitspolitik, das Außenamt und der Bendlerblock bewegen. Ob sich daraus reale politische Spannungen entwickeln, hängt von den Akteuren ab – und auch die könnten unterschiedlicher kaum sein.

Dem Außenminister Steinmeier missfällt nahezu alles, womit die Verteidigungsministerin Schlagzeilen macht. Ihre Formulierung »Gleichgültigkeit ist keine Option« – zu forsch. Ihr Versprechen, im Notfall Ebola-infizierte Bundeswehrsoldaten umgehend nach Deutschland zurückzufliegen – ungedeckt. Ihr Reden vom gelungenen »Tabubruch« bei der Waffenlieferung an kurdische Kämpfer im Irak – Unsinn. Ihre Ankündigung, die Bundeswehr werde sich an einer OSZE-Mission im Osten der Ukraine beteiligen – ein Killer für die Mission. Wer sich unmittelbar nach einem neuen Von-der-Leyen-Vorstoß in Steinmeiers Umfeld nach dessen Reaktion erkundigt, bekommt wenig diplomatischen Klartext zu hören: »stocksauer«, »an der Decke«, »fast aus dem Hemd gesprungen«.

Steinmeier passt die ganze Methode von der Leyen nicht. Immer nach vorn marschieren, Erster sein, die Schlagzeilen bestimmen. Er hält das für nassforsch und unreif, für nicht im Einklang mit den Gepflogenheiten der internationalen Politik. Er erwartet, dass die Verteidigungsministerin sich anpasst. Und sie erwartet, dass er seine Erwartungen sein lässt. Der Streit bekommt dadurch eine besondere Note, dass die vermeintlichen Charakterbilder des Männlichen und Weiblichen bei den beiden vertauscht scheinen: Sie ist die Forsche, er der Überlegte, sie ist laut, er ist leise, sie ist die Solistin, er der Teamplayer.

Das Von-der-Leyen-Lager nimmt Medienberichte über den Streit zwischen dem Erfahrenen und der Neuen gelassen hin. Kann es auch gut. Traditionell ist der Außenminister in Deutschland das Gesicht nicht nur der Außen-, sondern auch der Sicherheitspolitik. Wenn er sich nun mit der Verteidigungsministerin halböffentlich darüber streitet, welche Maßnahme richtig und welcher Stil angemessen ist, dann bedeutet das: Von der Leyen ist auf Augenhöhe angekommen.

Bei ihrer zweiten Münchner Sicherheitskonferenz, Anfang Februar 2015, leistet sich von der Leyen eine kleine Stichelei in Richtung Steinmeier. Sie variiert den Satz, den er im Vorjahr zu forsch fand, ganz leicht und wiederholt ihn: »Gleichgültigkeit ist und bleibt keine Option.« Damit sendet sie aber auch ein Zeichen über den Außenminister und die Konferenz hinaus: Ich dringe weiter darauf, dass Deutschland mehr Verantwortung übernimmt. Auch militärisch.

Von der Leyen weiß, dass es bei der Frage, ob jemand zum Kanzler oder zur Kanzlerin taugt, nicht nur um die Frage geht, ob die Mehrheit der Leute dem zustimmt, was man für richtig hält. Es geht darum, ob jemand Widerstände aushalten kann oder ob er einknickt. Es geht darum, ob jemand fähig ist zu führen.

10 RIVALEN

»Wir müssen raus ins Leben; da,
wo es laut ist; da, wo es brodelt;
da wo es manchmal riecht,
gelegentlich auch stinkt.«

*Sigmar Gabriel in seiner Antrittsrede
als SPD-Parteichef am 13. November in Dresden*

.

Wann Sigmar Gabriel beschlossen hat, ein super Superminister für das Feine und Bedeutsame zu sein, weiß nur er selbst. Fakt ist, dass er weiterhin das Wirtschaftsressort in der Großen Koalition unter Führung von Bundeskanzlerin Angela Merkel leitet. Fakt ist aber auch, dass ihm das nicht immer ausreicht. An diesem Mittwoch im Oktober 2014 zum Beispiel nicht.

Gabriel ist in das Haus der Deutschen Gesellschaft für Auswärtige Politik gekommen, um eine Rede zu halten. »Grundsätze deutscher Rüstungsexportpolitik«, vierzig Minuten, es gilt das gesprochene Wort. Die DGAP ist eine Denkfabrik für Außenpolitik, ihr Haus steht an dem Ort im Berliner Botschaftsviertel, an dem einst die Villa Mendelssohn Bartholdy stand. Die Decken sind hoch, die Ansprüche auch.

»Ich werde mich auch auf ein Terrain begeben, das nicht in den Aufgabenbereich eines Wirtschaftsministers fällt: das Terrain der Außen- und Sicherheitspolitik. Sie muss Ausgangs- und Zielpunkt einer rüstungspolitischen Strategie Deutschlands sein.« Dass Gabriel mal eben die Bereiche neu definieren will, für die zwei Kabinettskollegen zuständig sind, spricht für sein Selbstbewusstsein. Nur weiß weder der Außenminister Frank-Walter Steinmeier noch die Verteidigungsministerin Ursula von der Leyen von dem Vorhaben. Nichts von dem, was Gabriel vorträgt, ist mit ihnen abgestimmt. Schon gar nicht der zentrale Vorstoß der Rede: Für Rüstungsexporte solle künftig das Außenministerium zuständig sein und nicht mehr das Wirtschaftsressort. Das würde bedeuten, dass nicht mehr Gabriel verkünden, begründen und verteidigen muss, wann und warum 200 deutsche Leopard-Panzer ins fundamental-autoritäre Saudi-Arabien oder 36 ins Menschenrechte verachtende Katar verkauft werden, sondern Steinmeier. Solche Auftritte sind Popularitätskiller. Steinmeier ist entsprechend bedient. Von der Leyen schäumt aus einem anderen Grund: Da redet Gabriel über Rüstung und Menschenrechte, über Waffen und die Bundeswehr, über die NATO und eine europäische Armee – und auf 34 Manuskriptseiten wird die Verteidigungsministerin noch nicht einmal ignoriert.

Gabriel und von der Leyen haben nicht nur eine gemeinsame Vergangenheit als rivalisierende Landespolitiker in Niedersachsen, eine gemeinsame Gegenwart als Partner im Kabinett Merkel III, sondern – womöglich – auch eine gemeinsame Zukunft: als Kanzlerkandidaten 2017. Die CDU-Frau gegen den SPD-Mann, der Unberechenbare gegen die Inszenierungskünstlerin, die Lächlerin gegen die Dampframme. Da kann man schon mal weit im Vorfeld kleine Gemeinheiten verteilen.

Es ist nie zu früh, darüber nachzudenken, wer gegen wen bei der nächsten Wahl antreten wird. Deshalb richteten sich am Tag der Wiederwahl von Barack Obama als US-Präsident bereits alle Augen auf Hillary Clinton, dort ruhen sie bis heute. Die Machtfrage stellt sich just in der Sekunde neu, in der sie zunächst entschieden ist – darin liegt die objektive Verrücktheit der Politik. In Deutschland ist der Fluchtpunkt aller Machtprojektionen das Kanzleramt. Wenn Merkel 2017 noch einmal antritt, wird es für Gabriel schwer und für von der Leyen unmöglich. Wenn nicht, haben beide eine Chance, das zu werden, was sie werden wollen: Kanzler beziehungsweise Kanzlerin.

Der Reiz eines solchen Duells läge darin, dass sich die beiden in ihrem politischen Wesen ähneln: Sie verstehen die Politik als Offensivspiel. Themen besetzen, früh draufgehen, den anderen keinen Raum lassen und stets Präsenz zeigen auf dem Platz – so agieren sie. Einen Alleingang wie den von Gabriel bei der

DGAP legt von der Leyen in Serie hin. Beide sind keine Teamspieler, sie sind Solisten. Dass der Jungpolitiker Gabriel einst Gerhard Schröder dabei half, von der Leyens Vater, den niedersächsischen Ministerpräsidenten Ernst Albrecht, aus dem Amt zu kippen, gäbe diesem Duell die erste besondere Note. Die zweite bestünde darin, dass der Tag seiner größten Demütigung – die Abwahl als Regierungschef in Hannover am 2. Februar 2003 – der Ausgangspunkt ihres steilen Aufstiegs war. Als der Ministerpräsident Gabriel ging, kam im Gefolge des neuen Ministerpräsidenten Wulff auch die Sozialministerin von der Leyen. Als er in seine schwerste politische und persönliche Krise abstürzte, zum Pop-Beauftragten der SPD verkam, stieg sie zum Schreck der deutschen Sozialdemokratie auf und wurde die Modernisiererin der CDU.

Eine Ahnung davon, wie ein Wahlkampf 2017 zwischen den beiden ablaufen könnte, bekam das Publikum in der Endphase der Kampagne 2013. Beim Showtalken mit Günther Jauch verteidigte von der Leyen wort- und gestenreich ihre Bilanz als Arbeitsministerin, als Gabriel dazwischenfunkte, warum sie so überdreht sei. »Haben Sie was geraucht?«»Jetzt werden Sie nicht unverschämt«, zischte von der Leyen zurück. Nach Merkels Radikalverweigerung jeder Emotion im Wahlkampf, nach der unterzuckerten Fadheit von 2009 und 2013, als weit vorm Wahltag entschieden war, wer gewinnt, sehnen sich viele geradezu nach raubautziger Angriffslust und spitzer Erwiderung. Gabriel gegen von der Leyen – da wäre im Wahlkampf wieder mehr Lametta.

In Merkels erster Großer Koalition, der von 2005 bis 2009, regierten die möglichen Widersacher von morgen Tür an Tür, die Familienministerin von der Leyen und der Umweltminister Gabriel teilten sich ein Haus am Berliner Alexanderplatz, die GroKo im Plattenbau. Näher kamen sie sich nur bei der Trauerfeier von Ernst Albrecht im Dezember 2014, als er ihr kondolierte und sie ihn in den Arm nahm, davon gibt es Bilder, Wange an Wange. Fragt man von der Leyen, wie sie mit Gabriel klarkomme, fängt sie fast zu schwärmen an. Tolles Verhältnis, man kenne sich ja so lange, alles prima. Fragt man Gabriel, zuckt er mit den Schultern und grummelt etwas in sich hinein, das sich wie »Wie schon? Normal« anhört. Sie ist halt immer die Umarmerin – und er oft der Griesgram.

Ob nun toll oder normal, in Merkels zweiter Großer Koalition haben die beiden Stress miteinander. Gemeinsam mit Steinmeier müssen sie eine Richtlinie für künftige Rüstungsexporte festlegen und damit die gesamte Rüstungspolitik neu ordnen. Seit Sommer 2014 läuft speziell zwischen von der Leyen und Gabriel ein Schwarzer-Peter-Spiel. Es begann damit, dass der Wirtschaftsminister seine Verteidigungskollegin über Wochen piesackte, sie möge doch endlich eine Ansage machen, welche Waffengattungen und Technologien sie für die Bundeswehr als unverzichtbar betrachte. Solche »Schlüsseltechnologien« sollen in Deutschland angesiedelt bleiben und werden im Zweifel mit staatlicher Hilfe unterstützt. Im Herbst kam von der Leyens Antwort: Verschlüsselungstechnologie und Sensorik. Stellt man sich den Rüstungssektor als Pizza vor, dann sind Verschlüsselung und Sensorik ein zeigefingerbreites Stück – von der Kruste. Früher war die gesamte Pizza Schlüsseltechnologie, gewissermaßen. Panzer, Flugzeuge, Schiffe, Sturmgewehre. Der Schwarze Peter lag damit bei Gabriel.

Gabriel und von der Leyen haben in Rüstungsfragen grundverschiedene Interessen. Der Wirtschaftsminister will einerseits Rüstungsexporte begrenzen, weil er Sozialdemokrat ist, und muss andererseits Arbeitsplätze sichern, weil er Wirtschaftsminister ist. Die Lösung seines Zielkonflikts: Die Bundeswehr kauft möglichst viel ein, dann kann er Exporte eindämmen – und die Jobs bleiben trotzdem sicher. Je mehr Schlüsseltechnologien, desto besser für ihn. Die Verteidigungsministerin ihrerseits kalkuliert anders: Schlüsseltechnologie ist teuer, weil sie diese bei einheimischen Konzernen einkaufen *muss*, der Weltmarkt aber ist billig, weil sie dort einkaufen *kann*. Monopol hier, Konkurrenz da. Je weniger Schlüsselindustrien, desto besser für sie. Sie kann Geld sparen und es für anderes einsetzen.

Gabriel kam bereits bei seinem Vortrag bei der DGAP in Schwierigkeiten. Nachdem er lang und klug argumentiert hatte, weshalb allein politische und humanitäre Kriterien beim Export von Rüstungsgütern entscheidend sein dürften, keine wirtschaftlichen, wurde er in der Diskussion nach U-Booten gefragt. 4000 Arbeitsplätze in Deutschland hingen an deren Bau, trug ein Teilnehmer vor. Dann müssten U-Boote auch zu den Schlüsseltechnologien zählen, antwortete Gabriel. Damit dementierte er sein Plädoyer für das Primat der Politik gegenüber der Wirtschaft. Zudem setzte ihm von der Leyen umgehend zu. Wenn der Wirtschaftsminister die Arbeitsplätze erhalten wolle, müsse er sagen, wohin er die U-Boote verkaufen wolle, die Bundeswehr bräuchte die nächsten zwanzig Jahre keine neuen.

Wenige Wochen später kam ein zweiter Hieb. Aus von der Leyens Ministerium wurde ein Papier an die Presse durchgestochen, in dem es hieß, dass weiterhin Panzer, U-Boote und Handfeuerwaffen exportiert werden müssten, um diese Technologien und die Arbeitsplätze im Land zu erhalten. Botschaft an Gabriel: Seinen Plan, die Bundeswehr zu benutzen, um Exportausfälle der deutschen Rüstungsindustrie zu kompensieren, kann er sich abschminken. Und außerdem solle der Wirtschaftsminister doch erklären, wohin er künftig Panzer verkaufen wolle. Eine Aufforderung, sich unbeliebt zu machen.

Dieses Gefecht zwischen der Verteidigungsministerin und dem Wirtschaftsminister zeigt, dass sich Rüstungsfragen und die Kanzlerkandidatenfrage bereits überlappen. Bis klar sein wird, wer 2017 für die Union und wer für die SPD antritt, wird das Miteinander und das Gegeneinander von Gabriel und von der Leyen immer unter dem Aspekt betrachtet werden, ob es um

Differenzen in der Sache geht – oder ob der eine Kandidat dem anderen schon mal einen mitgeben möchte.

Der Kandidat

Auf der Rangliste der beliebtesten deutschen Politiker hat sich Gabriel, der Gelegenheits-Griesgram, nach oben gegrummelt. Anfang 2015 liegt er auf Platz vier, hinter Merkel, Steinmeier, Wolfgang Schäuble – und vor von der Leyen, So angesehen war Gabriel noch nie. Im Sommer der Bundeswehr-Pannen ist die Verteidigungsministerin in der Publikumsgunst hingegen abgestürzt, sie robbt sich nun wieder hoch. Ihn unterstützen mehr Männer, sie mehr Frauen, sie spricht Wechselwähler eher an, er mobilisiert die eigenen Truppen besser. Der Wettlauf ist im Gange – und die beiden sind sich ihrer Konkurrenz sehr bewusst.

Der SPD-Vorsitzende Gabriel hat auf den ersten Blick gegenüber von der Leyen einen entscheidenden Vorteil: Er kann selbst entscheiden, ob er Kanzlerkandidat werden will oder nicht. Bei der letzten Bundestagswahl hat er Peer Steinbrück das Feld überlassen. Ein SPD-Chef jedoch, der zweimal auf die Kandidatur verzichtet, verliert enorm an Autorität. Gabriel wird 2017 also wollen müssen. Und er bereitet sich schon vor.

Mit Blick auf die Wahl mutet er seiner Partei einen radikalen Kurswechsel zu: von sozialer Gerechtigkeit zu Wirtschaftsnähe. Gabriel sieht den Hauptgrund der Niederlage von 2013 darin, dass die Leute der SPD in Wirtschafsfragen nichts zutrauten. Man soll der SPD nicht weiter vorwerfen können, nur den Wohlstand anderer verteilen zu wollen – man soll ihr zutrauen, ihn zu erwirtschaften.

Für Gabriel ist der Versuch gescheitert, verdrossene Stammwähler zurückzugewinnen. Um im »Souterrain der Gesellschaft« (Franz Walter) die Verdrossenen wieder zu erreichen, müsste die SPD die Sprache der Linken übernehmen und würde damit die Wähler in der Mitte weiter vergrätzen. Gabriel setzt daher nun auf eine Erfahrung, die sich die Genossen nicht so gern weitererzählen: Als kompetent in Wirtschaftsfragen haben die Deutschen stets nur jene Sozialdemokraten beurteilt, die mit dem Traditionsbestand brachen. Karl Schiller, Helmut Schmidt, Wolfgang Clement. Deshalb drängt Gabriel seine Genossen zur Schwarzen Null, zum ausgeglichenen Haushalt. Aber das gefällt längst nicht allen Parteifreunden.

Gabriel steuert um, weil er 2017 die gestresste Generation für die SPD gewinnen will: jenes breite Milieu von Menschen zwischen dreißig und fünfzig Jahren, die zwar vom Wohlstand des Landes profitieren, aber sich überfordert fühlen. Im Beruf vorankommen, sich sozial einbringen, ein Haus oder eine Wohnung abbezahlen, engagierte Eltern sein und die eigenen Eltern pflegen: alles muss gleichzeitig geschehen, parallel, ein Schritt-für-Schritt gibt es nicht. Durch »Entlastungs- und Stabilisierungsbotschaften«, so nennt das ein SPD-Stratege, wollen die Sozialdemokraten die Gestressten künftig für sich gewinnen. Die Botschaften erinnern an eine Parole, mit der Bill Clinton einst erfolgreich Wahlkampf in den USA führte: *Politics for people who work hard and play by the rules.* Wer hart arbeitet und sich an die Regeln hält, soll auch profitieren. Ein solcher Gabriel-Sound, so heißt es, wird beim SPD-Parteitag im Herbst 2015 erstmals getestet werden. Das Problem ist nur: Von der Leyen kann diese Melodie ebenfalls, es geht um ihre angestammten Themen. Und in der SPD dominiert bereits eine andere Stilrichtung: der Blues.

Der Vorsitzende ist beliebt wie nie, die Regierung hat die populären SPD-Wahlversprechen – Mindestlohn, Mietpreisbremse, Rente mit 63 – zügig umgesetzt: Doch es nutzt nichts. Zu Jahresbeginn 2015 bleibt die SPD in Umfragen bei etwa 25 Prozent. Der Blues der Vergeblichkeit hat sich wieder breitgemacht in der Partei. Das Einzige, was ihn vertreiben könnte, kommt aus der

Union: eine Kanzlerkandidatin Ursula von der Leyen. Tritt sie an, sind die Sozialdemokraten schlagartig motiviert.

Lieblingsfeindin der Genossen

Die SPD ist eine Partei, die gern auf Kreppsohlen und im Rollkragenpullover die Welt verbessert. In keiner anderen Partei ist die Funktionärsschicht so dominant. Die SPD-Funktionäre entstammen in aller Regel dem Akademikermilieu, kennen sich aber in der Geschichte der Arbeiterbewegung besser aus als jeder Arbeiter. Sie wissen, dass die SPD aus Arbeiterbildungsvereinen erwachsen ist, und diskutieren gern darüber, ob der Richtungsstreit zwischen Karl Kautsky und Eduard Bernstein, der 1896 durch Bernsteins Artikelserie »Probleme des Sozialismus« offenkundig wurde, das ewige Schwanken der Sozialdemokratie zwischen Revolution und Reform erst ausgelöst hat oder selbst schon Ausdruck dieses Schwankens war. Am Ende dieser Diskussion sieht die Funktionärsschicht bestätigt, was sie schon wusste: Die SPD kann Wahlen nur gewinnen, wenn sie mit linkem Profil antritt.

Eine Frau, die nie in der Jugendorganisation ihrer Partei war, zu Funktionären bewusst Abstand hält oder auf Distanz geht und in Rekordzeit nach oben schießt, hinein in die Spitze der Politik und ins Zentrum der Macht, muss den Rollkragenpullover-Trägern der SPD suspekt sein. Selbst wenn diese Frau Mitglied der CDU ist. Wenn dann der Vater dieser Frau noch Ministerpräsident war und seine Tochter Kanzlerin werden könnte, sind Akademiker-Arbeiter ob des Dynastischen dieser Perspektive empört.

Das ist der kulturelle Vorbehalt, der Ursula von der Leyen aus der SPD entgegenschlägt. Es gibt aber noch andere, handfestere Vorbehalte.

Einer von ihnen hat wiederum mit Ernst Albrecht zu tun. Von der Leyens Vater konnte 1976 nur Ministerpräsident von Niedersachsen werden, weil zwei Abgeordnete aus dem vorherigen Regierungslager, einer Koalition aus SPD und FDP, für ihn stimmten. Bis heute hält sich das Gerücht, die Stimmen seien gekauft worden. Als Gerhard Schröder, der spätere Bundeskanzler, 1986 Oppositionsführer in Hannover wurde, machte er mit diversen Untersuchungsausschüssen Jagd auf den Landesvater, der Umgang war rau. Heute sind in der Spitze der deutschen Sozialdemokratie ungewöhnlich viele Genossen versammelt, die entweder aus Niedersachsen kommen oder dort ihre politische Heimat gefunden haben. Neben Gabriel und Steinmeier zählen der Vorsitzende der Bundestagfraktion, Thomas Oppermann, sein Stellvertreter Hubertus Heil, die Generalsekretärin Yasmin Fahimi und Gabriels Staatssekretärin Brigitte Zypries dazu. In der Großen Koalition läuft ihnen fast täglich von der Leyen über den Weg, das privilegierte Töchterchen, so sehen das manche, das vom Hannoveraner Stimmenklau profitiert hat. Ohne einen Ministerpräsidenten Albrecht, der seiner Tochter einst in die Politik verhalf, gäbe es auch die Verteidigungsministerin von der Leyen nicht. Die niedersächsischen Genossen haben noch eine Rechnung offen.

Die Familienministerin von der Leyen hätte es dann auch nicht gegeben. Diese wiederum haben all jene Sozialdemokraten in schlechter Erinnerung, die noch wissen, was in der Schublade ihrer Vorgängerin Renate Schmidt lag. Von der Leyen, so der Vorwurf, habe in ihrem damaligen Job nicht mehr geleistet, als die Schublade aufzuziehen und Schmidts Entwürfe und Pläne herauszunehmen, um sie anschließend umzusetzen, bis ins Detail. Von der Leyens einziger eigener Anteil an Projekten wie dem Ausbau der Kindertagesstätten oder der Einführung des Elterngeldes sei eine Erhöhung des Werbeetats im Ministerium gewesen. In Broschüren und in Anzeigen habe die CDU-Ministerin die SPD-Konzepte als eigene Erfolge bejubelt. Die Sozialdemokraten im Haus haben das nicht vergessen, einer von ihnen meint: »Es gibt hier massive Vergeltungswünsche.«

Doch neben jenen, die von der Leyen vorwerfen, eine Showpolitikerin ohne eigene Ideen zu sein, und dabei vor Wut schäumen, gibt es noch andere in der SPD. Einer von ihnen, aus der Parteiführung sogar, bewundert die Copy-and-Paste-Ministerin: »Sie hat unsere Themen genommen und sie gegen uns eingesetzt. Da kann ich nur sagen: Hut ab – das ist hochprofessionell.« Die Außenpolitiker unter den Genossen sind nicht empört, sie sind eher indigniert, das passt besser zum Selbstbild. Die Wortwahl ist trotzdem kräftig: »grob fahrlässig«, »fatal«, »nicht abgesprochen«, »Handlungsspielraum eingeengt«, »Lage ist zu ernst«, »wird nicht zustande kommen«, »muss ihre Methode ändern«. Konkret geht es um von der Leyens in der Tat voreiliges Gerede vom Oktober 2014, als über eine OSZE-Mission unter deutscher Beteiligung im Osten der Ukraine nachgedacht wurde und die Verteidigungsministerin das interne Nachdenken öffentlich machte. Prinzipiell geht es aber um weit mehr. »Sie hält die Reihenfolge nicht ein«, sagt ein SPD-Außenexperte. »Ihr Job ist es, dem federführenden Ministerium zuzuarbeiten.« Die Reihenfolge, die Federführung, so sahen das Außenpolitiker immer schon, gibt bereits der Begriff vor: Es heißt »Außen- und Sicherheitspolitik« – und nicht umgekehrt. Von der Leyen taugt zwar nicht zur Zuarbeit, und hinten stehen möchte sie auch nicht. Aber sie ist defensiver geworden, betont stets, dass sie erst mal den eigenen Laden in den Griff bekommen müsse. An den Außenpolitikern geht diese kleine Übung in Demut vorbei: In der Verteidigungsministerin haben sie ihre Lieblingsfeindin gefunden.

In einem Café im Berliner Stadtteil Prenzlauer Berg sitzt ein Sozialdemokrat, mit dem man sich gern unterhält, wenn es ums Prinzipielle geht. Von der Leyen würde es hier gefallen, es gibt Latte macchiato, und CDU-Mitglieder sind keine da. Der Sozialdemokrat zählt auf, was von der Leyen alles ist: eigenständig, eloquent, schlagfertig, selbstbewusst, intellektuell und materiell unabhängig, über die Parteigrenzen hinaus wirkend, eine ganz und gar eigenständige Marke, kurz:»Stark in jeder Hinsicht.« Man habe bei ihr das Gefühl, dass Politik ihr in den Genen liege und dass sie alles in der und für die Politik mache, aber nicht auf sie angewiesen sei. Dem Lobgesang folgen zwei bittere Erkenntnisse:»So eine Frau haben wir nicht.«. Und noch bitterer:»Wegen unserer Tradition und Denkweise ist es auch nicht vorstellbar, dass wir in absehbarer Zeit solch eine Frau haben werden. Uns fehlt eine Gegenspielerin.«.

Eine Quereinsteigerin, die weder Seilschaften noch Netzwerke knüpft, sich gegen den Mainstream der Partei stellt und binnen kurzer Zeit nach oben schießt – in der SPD ist eine solche Karriere maximal als Mann denkbar. Doch auch die Zeiten sind vorbei.

Die derzeit stärksten SPD-Frauen heißen Andrea Nahles und Hannelore Kraft, die Bundesministerin für Arbeit und Soziales und die Ministerpräsidentin von Nordrhein-Westfalen. Nahles ist nicht die Gegenspielerin von, sondern der Gegenwurf zu von der Leyen: Parteimitglied mit 18 Jahren, Juso-Chefin, Generalsekretärin, Vize-Vorsitzende, gebenedeit in Sozialdemokratie. Kraft ist zwar auch Quer- und Späteinsteigerin wie von der Leyen, hat sich aber so rasch mit handelsüblichem Sozialdemokraten-Sprech (»kein Kind zurücklassen«,»vorsorgender Sozialstaat«) aufgeladen, dass sich kaum noch jemand daran erinnert. Die Anziehungskraft ist bei Nahles auf das Milieu und bei Kraft auf die Region begrenzt. Von der Leyens Wirkung hat keine der beiden. Weil beide randvoll sind mit Partei.

Frauen landen bei der SPD selten an der Spitze, aber fast immer in der Arbeitsgemeinschaft Sozialdemokratischer Frauen, kurz: ASF. Die ASF-Frau muss nun schon seit bald zehn Jahren erklären, warum Deutschlands Frauen bei der ersten Bundeskanzlerin der Geschichte schlechter aufgehoben sind als bei den wechselnden Männern an der SPD-Spitze. Die

ASF-Frau kennt keine Quereinsteigerinnen, keine Siebenfach-mutter im Ministerrang, keine Kanzlerin, sie kennt nur die Leidensgenossin von nebenan, die ebenso wenig nach oben kommt wie sie selbst.

Im Café im Prenzlauer Berg ist der Sozialdemokrat, mit dem man sich gern unterhält, nach einem kleinen Umweg über die Achillesferse von Ursula von der Leyen (»Würde sie als Kanzler-kandidatin von der CSU mitgetragen? Da habe ich meine Zwei-fel.«) beim Fazit angelangt. Auf die Frage, weshalb die so zier-liche Frau solch eine Reizfigur für viele Sozialdemokraten sei, antwortet er: »Neid.«

Von der Leyen hat der SPD Themen geklaut und ist mit diesen SPD-Themen politisch groß und bei den Leuten populär gewor-den, sie halten sie für eine verkappte Sozialdemokratin. In der SPD gibt es eine Politikerin wie sie aber nicht und kann es auch nicht geben. Das macht die Sozialdemokraten ratlos. Und wer ratlos ist, wird schnell aggressiv.

Sigmar Gabriel, der gewöhnlich keiner politischen Rauferei aus dem Weg geht, hat sich für den Umgang mit von der Leyen Zurückhaltung auferlegt. Er erwartet sie auch von seiner Par-tei. Nicht weil er ein Menschenfreund wäre, sondern weil er eine Strategie hat: Von der Leyen ist nicht nur eine Reizfigur für die Sozialdemokraten, sondern auch für viele in der Union. Die sind auch neidisch. Wirksamer wäre es also, wenn sich die Genossen nicht beim geringsten Anlass gleich mit Kritik auf von der Leyen stürzten. Sondern abwarteten, bis ihre eigenen Leute maulten.

Das Problem ist nur: Gabriels Genossen haben dazu nicht die Nerven – und er selbst oft auch nicht. Nach Bundeswehrpannen und Ministerin-Geplauder haben die Generalsekretärin Yas-min Fahimi und Parteivize Thorsten Schäfer-Gümbel die Koa-litionspartnerin von der Leyen öffentlich abgewatscht. So etwas geschieht nur nach Rücksprache mit dem Chef. Geschickt ist das alles nicht.

Nichts fürchten die Sozialdemokraten so sehr wie einen dritten Wahlkampf gegen Angela Merkel, die unantastbare Kanzlerin. Mit jeder Attacke auf ihre Lieblingsgegnerin machen sie ihr *worst case scenario* aber wahrscheinlicher. Eine beschädigte von der Leyen wird auf keinen Fall Kandidatin. Wer sie 2017 schlagen will, muss sie erst mal schonen.

11 ZUKUNFT

»Ich beschäftige mich nicht mit dem,
was getan worden ist.
Mich interessiert,
was getan werden muss.«

Marie Curie

Bei einem wichtigen politischen Thema hat Ursula von der Leyen der deutschen Öffentlichkeit jahrelang etwas vorgemacht: Es stimmt nicht, dass in Volksparteien immer nur einer oder eine aus jeder Generation Kanzler wird. Die Verteidigungsministerin behauptet das immer wieder, es ist ihr Standardsatz, mit dem sie Fragen nach ihren weiteren Ambitionen pariert. Wenn Merkel eines Tages abtrete, werde die Union lange Zeit in der Opposition verweilen, sagt sie stets. Danach sei dann die nächste Generation gefragt. Klingt überzeugend, hat aber einen Schönheitsfehler: Die Behauptung ist falsch. Die sozialdemokratischen Kanzler Willy Brandt und Helmut Schmidt trennte ein Altersunterschied von gerade einmal fünf Jahren. Bei den Christdemokraten Ludwig Erhard und Kurt Georg Kiesinger waren es sieben Jahre, auch diese Kanzler gehörten also zur selben Generation. Ursula von der Leyen ist vier Jahre jünger als Angela Merkel.

Die Frage ist also, ob es andere, überzeugendere Gründe gibt, warum von der Leyen nicht Kanzlerin werden kann, oder ob sie doch gute Chancen hat. Dass sie ganz nach oben will – das wird in ihrer Partei unterstellt und auch nahezu alle Medien betrachten dies als Tatsache. Sie selbst hat es nie gesagt, und am Zaun des Kanzleramtes hat sie, anders als der junge Gerhard Schröder, auch nie gerüttelt, soweit man das weiß. Doch von der Leyens Ehrgeiz, ihr Selbstbewusstsein, ihr Drang, stets die nächsthöhere Stufe zu erreichen, sprechen dafür. Und auch die Unbekümmertheit, mit der sie sich alles zutraut.

Doch wie wahrscheinlich ist es, dass sie 2017 Kanzlerkandidatin und danach Regierungschefin wird? Gäbe es später noch eine Option? Man muss ein paar Argumente ordnen, um zu Antworten zu gelangen.

1. Der Faktor Merkel

Die Christlich Demokratische Union und mit ihr die meisten Deutschen fühlen sich im Frühjahr 2015, dem Zeitpunkt dieser Betrachtung, ausgesprochen wohl mit und unter der Bundeskanzlerin Angela Merkel. Der Gedanke an einen Wechsel ist weit weg. In Beliebtheitsumfragen kommt allenfalls Außenminister Frank-Walter Steinmeier in die Nähe der Regierungschefin. Es gibt kaum Überdruss, keine Wechselstimmung, niemand konstatiert bräsige Selbstzufriedenheit, das ist anders als etwa in den letzten Regierungsjahren von Helmut Kohl. Politik und Führungsstil der Kanzlerin werden zwar in Zeitungskommentaren und Büchern hier und da negativ, manchmal sogar vernichtend bewertet, bei breiteren Teilen der Bevölkerung verfängt die Kritik aber nicht. In dieser Stimmungs- und Gemütslage würde jeder Versuch rückstandsfrei verpuffen, eine Debatte über die CDU-Kanzlerkandidatur 2017 loszutreten. Sollte einer oder eine von Merkels wenigen Nachfolgekandidaten dies versuchen, wäre er oder sie schnell kein Kandidat mehr. Und damit auch kein Nachfolger.

Die große Mehrheit der politischen Beobachter in Berlin geht davon aus, dass Merkel 2017 selbst noch einmal antreten wird. Sie hätte dann zwölf Jahre lang regiert. Bei einem Sieg stieße sie in Kohl'sche Dimensionen vor, niemand war länger im Amt als der Oggersheimer. Zwei Wahrnehmungen begründen diese Einschätzung.

Zum einen wirkt Merkel nichts amtsmüde. Morgenlagen, Kabinettssitzungen, Regierungserklärungen, EU-Gipfel, das ewige Reisen – sie macht einfach weiter, immer weiter, ohne erkenn-

baren Spannungsabfall. Dass sie den Niederungen der Innenpolitik ein Stück entschwebt ist, liegt am Job. Alle Kanzler haben
sich, je weiter ihre Amtszeit voranschritt, immer stärker auf
die große internationale Politik konzentriert. Mit der Weltwirt-
schafts-, der Euro- und der Griechenlandkrise, mit der Rückkehr der Kalter-Krieg-Konstellation im Verhältnis zu Russland
und der großflächigen Destabilisierung im Nahen und Mittleren
Osten sowie in Nordafrika hat Merkel auf absehbare Zeit mehr
Gelegenheit dazu, als ihr lieb sein wird. Ohne die vielen außenpolitischen Krisen würde ihr die geringe Lust auf innenpoliti-
sche Reformprojekte vermutlich mehr schaden. Doch so ist die
Kanzlerin vor allem Außenpolitikerin – und nur wenige stört es.
Die internationalen Krisen könnten sogar Umstände schaffen,
unter denen die Kanzlerin de facto nicht aufhören kann, selbst
wenn sie es wollte.

Der zweite Grund, der für eine weitere Amtszeit Merkels
spricht, ist die Perspektive einer schwarz-grünen Koalition. Nach
zwei Legislaturperioden an der Seite der Sozialdemokraten, un-
terbrochen von vier unruhigen Jahren mit den Liberalen, wäre
ein Bündnis mit den Grünen weit mehr als eine neue, bis dahin
im Bund unerprobte Farbenlehre. Eine solche Regierung wäre
der Kulminationspunkt, in dem alles zusammenfiele, was Merkel vertritt und wie sie ist. Eine Ex-Umweltministerin, die als
Kanzlerin aus der Atomkraft ausgestiegen und für ihren Prag-
matismus und ihre Ideologieferne bekannt ist, die traditionelle
Vorbehalte ihrer Partei an vielen Stellen geschliffen hat, muss
sich nicht groß verändern, um zu den Grünen zu passen. Sie
würde sogar frisch und neu aussehen, ohne viel dafür tun zu
müssen. Den Grünen würde der Schritt schwerer fallen, aber
zwölf Jahre Opposition auf Bundesebene haben in weiten Teilen
der Partei den Wunsch wachsen lassen, etwas Neues auszupro-
bieren. Und andere realistische Machtperspektiven gibt es für
die Grünen momentan nicht.

In Berlin tauchen immer wieder Gerüchte auf, Merkel würde in einen hohen EU-Posten wechseln. Warum sollte sie? In der Eurokrise bestimmt sie heute schon meistens die Richtung der europäischen Politik. Als Regierungschefin des größten und wirtschaftlich stärksten EU-Landes hat sie dafür viele Möglichkeiten. Wechselte sie nach Brüssel, würde ein anderer oder eine andere Kanzler oder Kanzlerin werden – und er oder sie hätte dann diese Macht. Ein Posten etwa als Präsidentin des Europäischen Rates wäre also kein Aufstieg. Er würde weniger Einfluss mit sich bringen, nicht mehr.

Ein anderes, neues Gerücht besagt, Merkel würde ihre Karriere erst als Generalsekretärin der Vereinten Nationen fortsetzen und danach beenden. Doch ein UN-Generalsekretär kann wenig gestalten, er kann im Wesentlichen durch die Macht des Wortes, durch Reden und Argumente wirken. In dieser Spielart der Macht kennt sich die Kanzlerin nicht so gut aus. Außerdem lehrt die Geschichte der letzten Jahrzehnte: Wer einmal im Kanzleramt sitzt, hält sich schnell für unersetzbar.

Von allen Faktoren, die darüber entscheiden, ob von der Leyen Kanzlerkandidatin werden wird oder nicht, ist der Merkel-Faktor der stärkste.

2. Der Faktor Frau
Dieser Faktor ist der schwächste. Nach den Erfahrungen mit Merkel als Kanzlerin weiß das Wahlvolk: Frauen können Macht genauso wie Männer. Ob eine Frau einer Frau folgen darf, wird in der deutschen Politik kein Thema mehr sein.

3. Der Faktor Blumentopf
Journalisten sind Zyniker, das bringt der Beruf mit sich, bei manchen auch das Leben. Es gehört zu ihrem Job, sich ganz offen mit der Frage zu beschäftigen, was geschehen würde, wenn ein Regierungschef verschwände. Im Recherchegespräch verpacken

sie diese Frage dann in mehr oder weniger gelungene Metaphern. Was würde passieren, fragen sie, wenn Merkel morgen ein Blumentopf auf den Kopf fiele? Was, wenn sie vom Baum stürzte – oder ein Ziegelstein sie träfe? Jeder Berliner Politiker kennt solche Journalistenfragen, so absurd sie auch auf den Laien wirken mögen. Bei diesen Fragen geht es immer um die Machtkonstellationen und die Frage, wer gerade der Stärkste von mehreren Anwärtern ist und sich durchsetzen würde.

Wer also ist die Nummer zwei? Mindestens drei Personen würden im Fall der Fälle den Finger heben: Verteidigungsministerin Ursula von der Leyen (Jahrgang 1958), Innenminister Thomas de Maizière (Jahrgang 1954) und Finanzminister Wolfgang Schäuble (Jahrgang 1942). Wobei Schäuble, der mit Abstand Älteste, allenfalls in einer echten Krise gefordert wäre. Wenn sich die Lage schlagartig ändert, wenn alles einzustürzen droht, Mittel- und Langfristperspektiven keine Rolle mehr spielen, dann wäre womöglich der Mann mit der größten Erfahrung gefragt – Schäubles einzige Chance. Er wäre nur ein Kanzler des Übergangs, die Union hätte ihr Nachfolgeproblem vertagt und nicht gelöst.

4. Der Faktor Zeitpunkt

Wer Merkel nachfolgt, wird davon abhängen, zu welchem Zeitpunkt sie sich zurückzieht. Sollte sie Ende 2016 oder Anfang 2017 ankündigen, bei der nächsten Bundestagswahl nicht mehr anzutreten, hat sie zwei Optionen: Entweder sie geht sofort, dann müsste ein Nachfolger oder eine Nachfolgerin im Bundestag gewählt werden. Oder sie macht weiter bis zum Ende ihrer regulären Amtszeit.

Im ersten Fall bleibt dem Nachfolger wenig Zeit, beim Wähler das Ansehen zu gewinnen, das ein Regierungschef automatisch hat. Ein Kanzler oder eine Kanzlerin kann sich auf der großen internationalen Bühne mit den Staatsmännern und -frauen der

Welt zeigen. Außerdem kann er oder sie zumindest in der Innenpolitik stark beeinflussen, welches Thema gerade verhandelt wird. Einem Kanzler oder einer Kanzlerin gehört das schöne Foto mit dem amerikanische Präsidenten, die Neujahrsansprache im Fernsehen und die Schlagzeile auf Seite eins. Dieser Kanzlerbonus wäre bei einem schnellen Wechsel nicht groß, die Bürger müssten sich erst noch an ein neues Gesicht an der Spitze gewöhnen. Bei einem Wechsel vor der Bundestagswahl gäbe es den Bonus nicht. In beiden Fällen würde die Union einen guten Wahlkämpfer brauchen. Das spricht für von der Leyen.

De Maizìere ist ein Kandidat, den man eher zum Kanzler machen muss, als dass er sich den Posten erkämpfen kann. Die Regierungsgeschäfte in der Mitte der Legislaturperiode zu übernehmen passt am besten zu ihm. Dann hätte er zwei Jahre Zeit, seine Seriosität und seine Verlässlichkeit in einen Kanzlerbonus zu verwandeln, mit dem er den nächsten Wahlkampf bestehen und Regierungschef bleiben kann.

Von der Leyen hingegen hat schon den Wahlkampf 2013 gerockt. Sie war oft die Ersatz-Merkel. Weil eine Kanzlerin sich nicht dazu herablässt, in Talkshows mit mehreren Gästen die Regierungsbilanz zu verteidigen, hat von der Leyen diesen Job übernommen – und sie hat das gut gemacht. Die Union hat die Wahl haushoch gewonnen. Das war in erster Linie Merkels Verdienst, dann das von Peer Steinbrück – aber dann kam schon von der Leyen. Sie hat daher eine gute Chance, wenn Merkel kurzfristig verzichtet.

5. Der Faktor Dynamik

Als de Maizière nach der letzten Bundestagswahl seinen Posten als Verteidigungsminister verlor, galt er als gescheiterter Kanzlerkandidaten-Kandidat. Eine Hoffnung von gestern. Er war aus dem Rennen und blieb es auch in seinem neuen alten Job als Innenminister, den er lange Zeit unambitioniert betrieb. Bis zu den Anschlägen von Paris, als radikale Islamisten binnen zwei Tagen 17 Menschen umbrachten, darunter zwölf Mitarbeiter des Satiremagazins *Charlie Hebdo*, das zuvor Mohammed-Karikaturen veröffentlicht hatte. In den Tagen danach trat ein ruhiger, besonnener, aber entschiedener deutscher Innenminister vor zahlreiche Kameras, und er erschien in vielen Sondersendungen. Allein seine Präsenz beruhigte die aufgeregte Stimmung, die von Frankreich schnell auf Deutschland übergriff. Seitdem ist de Maizière wieder im Kandidatenrennen – aber nicht als Favorit. Das Beispiel zeigt: Es kann sich auch schnell wieder ändern, wer die größten Chancen auf die Kandidatur hat.

6. Der Faktor Bilanz

Auch erfolgreiche Spitzenpolitiker werden in dem Moment neu betrachtet, in dem sie als Kandidat für die Bundestagswahl ausgerufen werden und als mögliche Kanzler gelten. Was ist das für ein Mensch, wird gefragt, was hat er oder sie bisher geleistet, wie fällt die politische Bilanz aus? Bei von der Leyen lautet ein Zwischenzeugnis in etwa so: Als Familienministerin war sie erfolgreich, als Arbeitsministerin hat sie weniger bewegt, die Verteidigungsministerin kann man noch nicht abschließend beurteilen, Tendenz: Luft nach oben.

Schaut man sich die einzelnen Stationen genauer an, fällt auf, dass ihre Bilanz stark davon abhängt, mit wem sie am Kabinettstisch saß. Die Familienministerin von der Leyen konnte das Elterngeld oder den Kita-Ausbau so problemlos durchsetzen, weil die Ideen dazu aus der SPD stammten und eine Große Koalition regierte. Die Arbeitsministerin von der Leyen scheiterte krachend mit ihrer Zusatzrente, weil der Koalitionspartner FDP ihr Vorhaben für einen sozialdemokratischen Irrweg hielt. Gesetzliche Mindestlöhne bezeichnen die Liberalen als Jobkiller, Frauenquoten finden sie überflüssig. Die Liberalen kamen 2009 mit einem Rekordergebnis in die Regierung, nachdem sie versprochen hatten, den Sozialstaat zu verkleinern und Steuern zu senken. Dadurch war der Spielraum für von der Leyens Projekte klein, schon bevor sie eine Chance hatte, den ersten Fehler zu machen.

Ohnehin ist die Erfolgsbilanz eines Ministers oder einer Ministerin kein so starker Faktor, wie häufig angenommen wird. Ein Minister kann all seine Versprechen und Pläne umsetzen, kann Lob in Funk und Fernsehen einsammeln, mag Fleißkärtchen und Bonuspunkte von der Kanzlerin geschenkt bekommen – am Ende kommt es darauf allein nicht an. Nur für seine Bilanz – das gilt in der Politik als ehernes Gesetz – wird niemand gewählt. Sondern für das, was die Leute von einem erwarten. Und Erwartungen zu wecken gehört zu den Stärken von Ursula von der Leyen.

7. Der Faktor Partner

Falls die Union 2017 mit den Grünen regieren möchte, ist von der Leyen nicht die ideale Kanzlerkandidatin. Sie ist liberal in gesellschaftspolitischen Fragen wie der Homoehe, sie tickt fast sozialdemokratisch in der Familien- und Sozialpolitik, sie ist europafreundlich und aufgeschlossen für humanitäre Interventionen der Bundeswehr. Mit ihrem politischen Profil – anders als mit ihrem Habitus – spricht von der Leyen viele Wähler aus dem Grünen-Milieu an. Diese Übereinstimmungen würden zwar ein gemeinsames schwarz-grünes Regieren erleichtern, sie machen es aber unwahrscheinlicher, dass es überhaupt dazu kommt.

Mit einer Kanzlerkandidatin von der Leyen würde die Union so nah an die Grünen heranrücken, dass das schwarz-grüne Spielfeld insgesamt enger würde. Die potenziellen Partner würden um die gleichen Wähler buhlen – und am Ende könnten es in der Summe zu wenige sein. Wenn die Union mit einer schwarz-grünen Koalition regieren will, muss sie deshalb paradoxerweise eigentlich einen eher konservativen Kandidaten aufstellen. Der könnte Stammwähler besser binden und stärker dazu beitragen, eine Abwanderung in Richtung AfD zu vermeiden. Das spricht für de Maizière.

Anders sieht folgendes Szenario aus: Merkel tritt an, gewinnt die Wahl, koaliert mit den Grünen – und räumt 2019 das Kanzlerinnenfeld. Von der Leyen könnte dann übernehmen. Auch dann müsste sie sich gegen Konkurrenten durchsetzen. Außer de Maiziere kämen auch noch andere Unionspolitiker ins Spiel: die saarländische Regierungschefin Annegret Kramp-Karrenbauer, Kanzleramtschef Peter Altmaier, die rheinland-pfälzische Parteivorsitzende Julia Klöckner, die momentan stärkste Vertreterin der nächsten Generation. Aber in Zeiten außenpolitischer Krisen haben Landespolitiker weniger Chancen als früher. Deshalb wäre von der Leyen wohl die Favoritin. Bei einem Wechsel im Jahr 2017 hätte sie zwei Jahre Zeit, sich einen Amtsbonus zu erarbeiten, der – ähnlich wie bei Merkel – Partei- und Milieugrenzen hinter sich lässt.

8. Der Faktor Modell

Wollen die Wähler mehr vom Gleichen oder ein Gegenmodell? So beliebt Merkel ist – wenn sie ginge, hätte es lange genug gemerkelt. Es wäre dann Zeit für einen Modellwechsel. Gut möglich, dass von der Leyens Stärken dann gefragt wären: statt Führung von hinten ein bisschen mehr Orientierung nach vorn, statt Bodenständigkeit ein bisschen mehr Charisma.

Im Lande von der Leyen

Die acht Faktoren sind nicht lupenrein voneinander zu trennen. Macht man aber einen Strich unter die Liste und zieht ein Fazit, dann lautet es: Ursula von der Leyen wird am ehesten Kanzlerin, wenn Merkel 2017 antritt, die Wahl gewinnt, mit den Grünen koaliert, zwei Jahre später übergibt. Frühere oder spätere Wechsel sind aber nicht ausgeschlossen.

Was wäre anders, wenn von der Leyen Kanzlerin wäre? Der britische Premier Harold Macmillan sagte einmal auf die Frage, was über den Auf- und Abstieg von Regierungen und Politikern entscheide:»Events, dear boy, events.« Die Ereignisse formen nach dieser Lesart den Politiker oder die Politikerin. Welche Ereignisse eine Kanzlerin von der Leyen prägen würden, kann niemand wissen – so, wie niemand vorher wusste, dass Angela Merkels Regierungszeit von großen Verwerfungen geprägt sein würde, von der Eurokrise bis zum Ukrainekonflikt. Am leichtesten ist deshalb vorherzusagen, dass sich der Führungsstil der Kanzlerin ändern würde, weil Merkel abwartender agiert als ihre forsche Verteidigungsministerin.

Außerdem würde eine Kanzlerin von der Leyen weiter die Themen vorantreiben, die ihr bisher in jedem Amt wichtig waren: Europa, Weltoffenheit, Demografie. Sie wäre die erste Regierungschefin in der Geschichte der Bundesrepublik, die das Ausland nicht nur von Reisen kennt. Sie hat viele Jahre in Brüssel, London und Stanford gelebt, spricht mühelos Englisch und perfektes Französisch, sie kennt kulturelle Besonderheiten und Eigenarten, hat einen Sensor speziell für gesellschaftliche Entwicklungen anderswo. Immer lautstärker beklagt sich die Wirtschaft darüber, dass deutsche Politiker zu wenig Internationalität in ihre Ämter einbrächten. Sie bräuchten Jahre, um das aufzuholen. Wäre von der Leyen Kanzlerin, würde sich das ändern: Die Bosse hätten noch weniger Gründe, arrogant auf Politiker zu blicken.

In Deutschland droht die Konsensgesellschaft zu zerfallen. Nicht, weil es zu wenig Konsens gäbe, sondern weil es zu viel gibt. Die Politik verkauft ihre Maßnahmen als alternativlos, die Medien stürzen sich auf jede vermeintliche Tabuverletzung, die Union wird sozialdemokratischer, die SPD wirtschaftsfreundlicher, die Grünen wollen die FDP beerben, Rechte wandern nach links, Linke nach rechts und die Mitte wird immer voller. Die Bühne der Politik wird durch all dies immer kleiner, immer enger, und auf ihr fehlen die Dramen. Mehr und mehr Zuschauer können diese Harmonie nicht mehr ertragen. Sie wandern ab, zu Pegida, zur AfD, dorthin, wo sie noch schimpfen dürfen. Über »die da oben«, die doch alle gleich seien.

Politik braucht Streit, damit sich ein Konsens einstellen kann. Um streiten zu können, braucht sie Akteure, die laut sind, die etwas wagen, die anecken. Von der Leyen ist nicht laut, aber sie wagt immer wieder etwas und sie eckt an. Vielleicht ist in einer Konsensgesellschaft, die zerfällt, eine Kandidatin, die polarisiert, kein schlechtes Gegengift.

12 BENDLERBLOCK

Wenn ich die Verteidigungsministerin wäre – für einen Mann eine besonders reizvolle Vorstellung – und wüsste, zwei *Zeit*-Journalisten und Buchautoren kommen in mein Büro, würde ich im Vorfeld Folgendes überlegen: Es wäre nicht schlecht, wenn irgendwo ein Kleinkind rumkrabbeln könnte, denn Kinder und das Thema Vereinbarkeit von Familie und Beruf waren mir schon immer wichtig, privat und als Ministerin. Und außerdem zeigt es, wie locker es unter mir zugeht, hier im Bendlerblock, dem Sitz des Verteidigungsministeriums. Im Büro müsste, am besten an mehreren Stellen, Fachliteratur herumliegen, hier etwas über aktuelle Krisenregionen, dort etwas über moderne Formen der Kriegsführung, vielleicht auf Englisch, damit klar wird, wie tief ich in die Materie eingestiegen bin. Ein bisschen High-Society-Chic wäre ebenfalls ganz schön, kommt immer gut. Man könnte natürlich auch, Journalisten sind eitel, die jüngste Ausgabe der *Zeit* so hindrapieren, dass sie nicht direkt ins Auge fällt – das wäre ein bisschen zu plump –, aber doch entdeckt wird, dann fühlen die beiden sich bedeutend. Zum Einstieg würde ich aber meinen Besuchern, ganz wichtig, den Kaffee, den ich ihnen nach der Begrüßung vor meiner Bürotür anbiete, an dem Automaten in dem kleinen Raum gegenüber selbst ziehen. Das wirkt dann gleich so sympathisch, so unprätentiös.

»Möchten Sie einen Kaffee?«, fragt eine strahlende Ursula von der Leyen gleich nach der Begrüßung vor ihrer Bürotür. Sie geht in den Raum gegenüber, zieht an dem schicken Kaffeevollautomaten mit der Feinschaum-Düse und dem Aromaschutzdeckel zwei Latte macchiato und einen Cappuccino. Aus dem Vorzimmer ihres Büros krabbelt ein Kleinkind heraus, von der Leyen stellt den Kaffee ab, geht tief, ganz tief in die Hocke, strahlt das Kind an und sagt: »Du hast ja das Gesicht von deinem Papa.« Der Papa, so stellt sich heraus, ist von der Leyens stellvertretender Adjutant. Wir sind jetzt im Büro. Auf einem Sideboard stapelt sich eine ganze Buchreihe, *Wegweiser zur Geschichte* steht auf den Rücken und dazu Namen von Ländern oder Regionen: Usbekistan, Kaukasus, Sudan, Mali, Afghanistan, Horn von Afrika. Auf dem Schreibtisch liegt eine aktuelle Studie, auf Englisch, *Hybrid Warfare and Challenges*, eine Analyse zur neuesten Art der Kriegsführung. Daneben entdecke ich eine Visitenkarte, sie stammt von Alexander zu Schaumburg-Lippe, dem Fürsten und Helden der Yellow Press, ein Freund von der Leyens seit Kindesbeinen. Ich schaue mich kurz um, meine Augen bleiben an einer Tasche hängen, sie steht offen. Hinter Akten schaut der Kopf einer Zeitung heraus, darauf der Schriftzug: *Die Zeit*. Grandiose Show! Oder ist es gar keine?

Was ist inszeniert und was nicht? Wer sich mit Ursula von der Leyen beschäftigt, begegnet dieser Frage ständig. Für dieses Buch haben meine Kollegin und ich uns sehr intensiv mit ihr beschäftigt. Wir haben sie zu Hause besucht, wir sind mit ihr durch die Welt geflogen, haben sie zu Vorträgen begleitet, sie bei Truppen-Visiten beobachtet, sie im Parlament gehört. Wir haben mit Familienmitgliedern gesprochen, mit Freunden, mit politischen Gegnern, mit alten und neuen Vertrauten, mit Leuten, die sie mögen, und Leuten, die sie nicht mögen. Bei jedem Auftritt, fast jedem Besuch und in vielen Gesprächen taucht die Frage nach der Grenze zwischen Schein und Sein auf. Sie ist so allgegenwärtig und allumfassend, dass ich mittlerweile Inszenierungs-Fantasien entwickle. Vor allem, wenn plötzlich Kleinkinder auftauchen.

Es ist ja auch so wunderbar leicht, es lassen sich herrlich viele Indizien sammeln. Alles, was von der Leyen unternimmt, wie sie auftritt, wie sie sich präsentiert, lässt sich als gestellt und geplant betrachten, als auf den Effekt hin ausgerichtet. Es ist sogar so leicht, dass ich zuweilen fürchte, das Naheliegende zu übersehen. Kann ja gut sein, dass das Kleinkind durchs Ministerium krabbelt, weil Freitagnachmittag ist und Papa gleich Feierabend hat. Und dass in der Aktentasche selbst dann die *Zeit* steckte, wenn meine Kollegin und ich, sagen wir mal, vom *Stern* kämen – davon gehe ich aus. Aber kann ich mir sicher sein? Zur Von-der-Leyen-Exegese gehört der Zweifel nun mal dazu.

Vom Büro aus führt eine Tür in die Privatgemächer der Ministerin. Sie sind exakt 7,4 Quadratmeter groß, Fracht-Container sind größer. Das weiß von der Leyen so genau, weil die *Bild*-Zeitung das mal so genau wissen wollte und die Ministerin dann nachmessen ließ. Es ist ihre Schlaf-Wabe, sie ist tabu. In ihren beiden vorherigen Ministerien, Familie und Arbeit, war das auch schon so geregelt: Beruf, Tür auf, Privatleben, Tür zu. Im Bendlerblock machten sie aber einen Aufstand wegen der Sicherheit und wollten die Hausherrin in die Julius-Leber-Kaserne an den Stadtrand auslagern. Doch da kannten sie von der Leyen noch nicht so gut. Die Wohnung in der Kaserne hat sie sich noch nicht einmal angeschaut.

Eine kleine Privatecke hat sie sich aber auch in ihrem Büro eingerichtet. Vom Besuchertisch aus, weit vorn im Raum, kann man sie nicht sehen, vom Schreibtisch aus umso besser. An einem Wandvorsprung hängen Fotocollagen, drei aus drei verschieden Jahren, die jüngste von 2013, Geschenke der Kinder. Es sind Familienbilder, die neun von der Leyens in allen möglichen Varianten, dazwischen noch Kindheitsfotos von Röschen, der kleinen Ursula. Von der Leyen zeigt auf ein Bild von 2013: »Das hier war beim Abi-Ball unserer Tochter Sophie.« »Das rosa Kleid haben Sie doch bei der Verleihung des Henri-Nannen-Preises getragen«, stürzt es aus meiner Kollegin heraus. »Stimmt, hab ich mir von Sophie geliehen. Ist doch praktisch: zwei Frauen, zwei

Feiern, ein Kleid.« Sie lächelt jetzt ihr typisches Von-der-Leyen-Lächeln. Jenes Lächeln, das für Dutzende Porträtschreiber Anlass war und für weitere Dutzende Anlass sein wird, sie als kalt, gewinnend, verschlossen, charmant, abweisend, freundlich, berechnend zu beschreiben. So aus der Nähe betrachtet ist das Lächeln vor allem eins: ein Lächeln.

Die Schlaf-Wabe, die Bilder-Ecke, viel mehr Privates gibt es nicht in einem Büro, das zugleich Wohnzimmer ist, zumindest die Woche über. Noch eine kleine Skulptur, Mann und Frau, zu einem Körper verschmelzend, und eine Handvoll CDs, Klassik, vor allem Antonín Dvořák und Mstislaw Rostropowitsch. Ein Konzert des russischen Cellisten war ihre erste Verabredung mit ihrem heutigen Mann Heiko.

Wir sitzen nun zusammen am Besuchertisch, Jens Flosdorff, ihr Pressesprecher, ist auch dabei, Flosdorff ist fast immer dabei. Wir sind gekommen, um über offene Fragen zu reden, über Details, die wir noch klären wollen für unser Buch, aber auch, um mit der Verteidigungsministerin eine Bilanz zu ziehen nach gut einem Jahr im Amt. Das Gespräch dreht sich um die Eigenheiten ihres Ressorts, über Waffenlieferungen und Nothilfe, über eine attraktivere Bundeswehr und eine bessere Arme, über Deutschlands Rolle in der Welt und von der Leyens Aufgabe im Bendlerblock, über die Beulen und Schrammen, die sie sich dort zugezogen hat.

Doch so, wie sich der Besuch in von der Leyens Beinhorner Privathaus im vergangenen August unversehens zu einer Stippvisite im Krisenzentrum verwandelte, so bekommt das Diensttreffen im Büro unerwartet eine persönliche Note. Es geht um Afghanistan, als von der Leyen erzählt, wie sie dort, beim jüngsten Weihnachtsbesuch im deutschen Feldlager Masar-i-Scharif, vom Tod ihres Vaters erfuhr. Wie sie überlegte, die Reise abzubrechen, dann aber doch blieb. Wie sie von ihrem Wohncontainer aus mit ihren Brüdern telefonierte, wegen der dünnen Wände

aber nur zu flüstern wagte. Surreal sei das gewesen, sagt sie.
Nach ihrer Rückkehr habe die ganze Familie von ihrem aufge-
bahrten Vater Abschied genommen. Dabei sei natürlich viel ge-
weint worden, aber auch viel gesungen, bei ihnen werde immer
viel gesungen, zu jedem Anlass. Sie seien halt schon sehr eigen
in ihrer Familie.

Für die Verteidigungsministerin schließt sich in diesen Tagen
ein erster Kreis. Wir treffen sie kurz vor der Münchner Sicherheitskonferenz, die sie, ganz Insider mittlerweile, nur »MüSiKo«
nennt. Als die MüSiKo für sie noch die Münchner Sicherheitskonferenz war, also vor einem Jahr, hat sie in ihrem neuen Amt
erstmals für Furore gesorgt. In ihrer Rede dort kündigte sie an,
Deutschland werde künftig mehr Verantwortung in der Welt
übernehmen. Das hatten zuvor zwar bereits der Bundespräsident und der Außenminister getan. Da aber die Deutschen, wenn
eine Verteidigungsministerin »mehr Verantwortung« sagt, nur
»mehr Auslandseinsätze der Bundeswehr« verstehen, war bei
ihr die Erregungswelle besonders groß.

In der Zeit zwischen den beiden Sicherheitskonferenzen hat
von der Leyen in ihrem Amt wenige Höhen und viele Tiefen erlebt. Dass das Verteidigungsressort schwierig werden wird, hat
sie geahnt. Dass es noch viel schwieriger ist, als sie geahnt hat,
weiß sie jetzt. Doch im Gespräch wirkt sie keineswegs ernüchtert, sondern entschlossen, selbstsicher. Sie hat sich eine Truppe
enger Vertrauter aufgebaut, sie hat sich tief in die Themen ein-
gearbeitet, und sie macht das, was sie sich selbst als Prinzip gesetzt hat: nach vorne denken, nach vorne arbeiten, versuchen,
die Probleme durch Handeln in den Griff zu bekommen. »To
sit and wait is not an option«, sagt sie – und es klingt ein wenig
wie Training für den MSC. Sitzen und warten ist aber ohnehin
nicht ihr Ding.

Das Problem, das sie als Nächstes anpacken will, ist die
Couchecke in ihrem Büro. Sie soll weg. Zu dunkel, zu unbe-

quem. Dann folgt ein Schrank, zu spießig, und ein Teppich, zu scheußlich. Während sie etwas von »heller« und »freundlicher« erzählt, geht von der Leyen hinüber zum Fenster und nimmt eine Gardine in die Hand, so wie früher die Frau in der »Achten Sie auf die Goldkante – es lohnt sich«-Werbung: »Die waren hier früher orange – ich meine *orange*.« Die Gardinen sind ausgetauscht, die Großflaggen von Deutschland, Europa und der NATO, der Stolz mancher Vorgänger, ließ sie von ihrem Büro in den Flur davor verlegen. Da stören sie weniger.

Von der Leyen hat gleich zu Beginn ihrer Amtszeit zwei Staatssekretäre und einen Abteilungsleiter rausgeworfen, ihnen folgen demnächst Couch, Schrank und Teppich. Das Erste war ein Zeichen dafür, dass alles anders werden soll. Und das Zweite ist eins dafür, dass sie sich, Stück für Stück, immer wohler fühlt in ihrem Amt.

Draußen, vor dem Ministerbüro, hängen 16 Fotos an der Wand, akkurat geordnet, in Reih und Glied. Es sieht aus, als würden die Bilder strammstehen. Auf den 16 Fotos schauen 16 Hälse und 16 Köpfe aus 16 Anzügen, die Fotos sind schwarz-weiß, die Anzüge grau. 16 Männer. Wenn das Porträtfoto von Ursula von der Leyen dereinst hier hängen wird – wann auch immer –, wird es auffallen. Weil es in der Ahnengalerie der deutschen Verteidigungsminister die erste Frau zeigen wird. Weil diese Frau garantiert lächelnd auf ihre Nachfahren schauen wird und nicht so griesgrämig, wie ihre Vorfahren heute auf sie blicken. Das 17. Foto an der Wand, an der die Bilder strammstehen, wird aber vor allem aus einem dritten Grund auffallen: Es wird die Ordnung stören. So, wie die 17. Verteidigungsministerin der Bundesrepublik Deutschland auch schon die Ordnung gestört hat. Bewusst. Denn nur, wer die Ordnung stört, bringt etwas in Bewegung.

LITERATUR

Albrecht, Ernst: *Der Staat – Idee und Wirklichkeit. Grundzüge einer Staatsphilosphie*, Stuttgart 1976

Albrecht, Ernst: *Erinnerungen, Erkenntnisse, Entscheidungen.* Göttingen 1999

Albrecht, Heidi Adele: *Familienmutter, Landesmutter, Poetin.* Burgdorf/Beinhorn 2004

Blome, Nikolaus: Angela Merkel. *Die Zauderkünstlerin*, München 2013

Bohnert, Marcel und Reitstetter, Lukas J.: *Armee im Aufbruch: Zur Gedankenwelt junger Offiziere in den Kampftruppen der Bundeswehr*, Berlin, 2014

Kubjuweit, Dirk: *Alternativlos – Merkel, die Deutschen und das Ende der Politik*, München 2014

Lau, Mariam: *Die letzte Volkspartei. Angela Merkel und die Modernisierung der CDU*, München 2009

Michelsen, Danny und Walter, Franz: *Unpolitische Demokratie. Zur Krise der Repräsentation*, Berlin 2013

Minkmar, Nils: *Der Zirkus. Ein Jahr im Innersten der Politik*; Frankfurt 2013

Niejahr, Elisabeth, Pörtner, Rainer: *Joschka Fischers Pollenflug und andere Spiele der Macht*, Frankfurt am Main 2004

Pörksen, Bernhard und Bergmann, Jens (Hrsg.): *Medienmenschen. Wie man Wirklichkeit inszeniert*, Münster 2007.

Pörksen, Bernhard und Bergmann, Jens (Hrsg.): *Skandal! Die Macht öffentlicher Empörung*, Köln 2009.

Pörksen, Bernhard und Krischke, Wolfgang (Hrsg.): *Die Casting-Gesellschaft. Die Sucht nach Aufmerksamkeit und das Tribunal der Medien,* Köln 2010

Posche, Ulrike: *Gerhard Schröder. Nahmaufnahme,* München 1998

Franz Walter, Tobias Dürr: *Die Heimatlosigkeit der Macht,* Berlin 2000

Welser, Maria von, Ursula von der Leyen: *Wir müssen unser Land für die Frauen verändern;* München 2007

Werwath, Christian: *Der niedersächsische Ministerpräsident Ernst Albrecht. Annäherung an einen Unnahbaren.* Politische Führung in Niedersachsen, Stuttgart 2014

PERSONENREGISTER